人大附中
名师语文公开课

主编　王艳

佟先生的语文课

佟世祥／著

中国人民大学出版社
·北京·

#【卷首语】

师者，所以传道受业解惑也。

——唐·韩愈

师者不器。

师者，所以诱思启智搭台也。

吾教道甚易知，学法甚易行。而少有人真知笃行。

诉诸文字，有同声同气者乎？

——佟先生教学心语

总　序

“人大附中名师语文公开课”系列图书陆续问世了，名之曰“课”，是因为这套书来自我们的语文课，也是希望向读者呈现我们的语文课堂。

所谓来自语文课，即我们目前已经出版与计划出版的《小强老师带你读〈论语〉》《走进古典诗词写作》《佟先生的语文课》《王艳老师的作文课》等书全都源自人大附中必修、选修课程。其内容，或肇始于教学总结，或脱胎于校本教材；其行文，亦是课堂的语言，生动活泼、清新自然。

所谓呈现课堂，即此套书不是单向度的讲义、读本，而是一部部师生互动实录，且书中的编排与我们的课堂形式密切关联。比如《小强老师带你读〈论语〉》，以专题形式设计，附以相应的思考题，正是为了配合“《论语》研读课”专题研讨、师生共读的课堂形式；而《走进古典诗词写作》中收录大量的学生联句、学生诗词和教师点评，正是“中国古典诗词写作课”作为实践类课程，强调动笔的真实呈现。我们不仅能够在其中看到相关的知识讲授，更能够看到师生在讨论切磋中迸发的智慧光芒。

因此，这是一套“鲜活”的图书，我希望中学生读者们能够在读书的时候“动”起来，参与到我们活泼生动的课堂中来。

这套图书的问世，其背后是我们人大附中语文组近些年来开展教育教学改革的一些尝试。当下，语文学科在立德树人方面的重要价值已经逐渐被认识到，同时，社会也对新时代的语文教学寄予新的期望，这使我们不得不重新思考我们的教育理念、教学内容以及授课方法。

我想，语文学科的价值，不仅仅在于学问、技能的传授，更在于德性、胸怀的涵养。好的语文课，应该是以道为本，由术而道，道术兼备。在知识的传授中，学生获得心灵的洗礼、文化的熏陶。因此，我们希望能培养出兼具传统底蕴、现代精神与世界眼光的文化中国人——这就是我们课程建设的育人目标。在此目标下，人大附中语文组不断解放思想、开拓创新、挖掘教师潜力，逐渐形成了“四级立体人文课程体系”，即基础类底色人文课程、拓展类多元人文课程、荣誉类个性人文课程和实践类活动人文课程，并坚持在四级课程中贯穿中国优秀传统文化的教学。

在这一过程中，我们收获了不少有益的经验，也创造性地开发出一批深受学生喜爱的热门课程，涌现出一批“明星”教师。尤其是在选修课领域，其灵活、开放、自由的特点，更是激发了老师们的创造热情。此次出版的系列图书，正是我校语文组在这方面改革探索的部分成果。其中，《小强老师带你读〈论语〉》和《走进古典诗词写作》是近年我校选修类精品人文课程，凝聚着三位饱读诗书的青年教师的匠心，从中可见其锐意创新、不拘一格的才子风采；《佟先生的语文课》是有着多年从教经验的佟世祥老师的作品，佟老师风神潇洒，卓荦不群，有“国文先生”之雅号。《王艳老师的作文课》则是我对于作文教学的思考与总结，重在启迪心智、激发思考，以唤醒学生心底的写作热情。

在课程的开发和课程体系的建设中，我真切地认识到教师在教育教学中的重要价值。挖掘潜力，解放个性，不仅应是我们教育学生的宗旨，也应该是我们培养青年教师的方针。尊重学生，解放教师，是一个学科、一所学校之创造力与行动力的源泉。人大附中是一片鼓励创造的沃土，我们的课程正是在这片土地上盛开的花朵。我们不揣固陋，接受了出版社的建议——将此套丛书冠名“名师”二字，以此寄予我们的自我期许与自我鞭策。

传承文化，探索教学，让更多的少年学子了解传统文化，爱上传统文化，是我们这些普通的基础教育工作者的初心与使命，也是我们孜孜不倦、耕耘不辍的园地。那么，这套丛书也可以看作我们的“寸心自许”。其中不足之处，有待方家批评指正。

是为序。

主编　王艳

目　录

绪论

我的语文教学观

从某种角度上说，语文即汉语言文学。汉语是母语，语文老师是传承民族语言、文化的引路人，是塑造民族精神的工程师。语文教学就要本照这一宗旨，否则，就是舍本逐末，就会步入歧途。我时常想起鲁迅先生在《一点比喻》(《华盖集续编》)中的那句颇耐人寻味的话："我看见（绵羊们）这种认真的忙迫的情形时，心里总想开口向它们发一句愚不可及的疑问——

"往那里去!?"

继承和发展并举，才是语文教学改革的健康之路。大唐文学家韩愈这样给老师下定义："师者，所以传道受业解惑也。"重提此语不是秋行夏令，教师对学生的引导是教师专业地位赋予他的一种职责。一般来讲，教师的生活阅历以及在师范院校数年的专业学习应使他具备了指导学生学习的知识和能力，发挥教师的主导作用还是必需的。目前，一种淡化甚至取消教师作用和责任的倾向，正作为一种现代教育理念为某些人所推举乐道。其实，师生人格上的平等不等于专业水平上的对等。在教与学的方法上，祖师孔子总结出的温故而知新、因材施教、默而识之等方法是要继承的，讲授式、“坐”谈式、辩论式的师生互动也是要继续的。不难发现，在我们的教学中或教学评价指导上存在着误区：凡本土的、传统的经验和理论，便都是落后的、不科学的、可以废弃的。评价一课堂，学生占用的时间越多，老师占用的时间越少，越符合某种现代教学理念；学生在课堂上参与活动越多，老师指导活动越少，越是先进的、正确的教学做法。“刮风”“一刀切”的搞运动做法，还在流行。事实上，课堂气氛活跃的关键是学生思维的活跃。老师在一节课里可能很少提问，但学生能始终追随老师的思路去思索，去感受，有领悟，进而善于发现问题，解决问题，达到对所学知识的深透理解和掌握，也是成功的启发式教学。说到底，启发重在本质内容，而非表象形式。在教学评价上，有一种标准值得警惕，那就是谁在课堂上教学设计新奇、教学工具先进、学生笑声掌声多，谁的教改、创新意识就强。细细想来，这只是在形式上的花样翻新，而非内容上的改革突破。教改的根本应该是由内容到形式，内容第一，形式第二，内容决定形式。打个比方，有一杯水，可以用玻璃杯子给学生，也可以用塑料杯子给学生，还可以用纸杯子给学生，抑或用其他器具。但所给的还是水。我想说的是：我们应当把教改的重点放在所传授的知识的含金量上。给学生的不是“水”而是“牛奶”，当是我们教师努力的主要方向，也是教改的深入所在。根据多年来的观察，我发现在这方面下功夫的老师不是很多。我在这里说继承和发扬优秀的教育教学传统，并不排拒对西方教育教学经验的吸收，而是意在强调我们对于自己的教育教学传统要采取“拿来主义”的态度与原则，不能全盘否定；对于西方的教育教学理论与实践也要坚持“扬弃”，不能全盘吸收。无论是传统的，还是外来的，不加选择地“吞”下去，肚子都是要痛的。

在语文教学上，我还主张熏陶和积累。这里引用钱梦龙老先生的一段话：“我国传统的民族语教育的经验，概括地说，主要凭借对范文（它们是运用民族语的典范）的学习，培养学生对民族语的感悟能力和热爱民族语的感情，并使学生在掌握民族语的过程中受到民族精神、民族文化的熏染；同时又通过写作的训练，提高学生理解和运用民族语的能力。”（《为语文教学招“魂”》）因此，熏陶和积累仍是语文教学的重点，甚或是基点。在教学上，我是“兴趣主义”者。主张用学科本身的知识力量吸引学生，激发其求知的欲望，最终帮助学生树立学科信仰。这对其终身学习、终身发展大有裨益。兴趣，是学习的动力；持久的兴趣，是学习不竭的动力。老师提高学生学习兴趣的方法有很多，但最根本的还是讲好课。我们知道，哪位老师课讲得好，学生就爱学这个老师教的学科。因此，讲好课就成了我的教学追求。经过多年的课堂教学实践，我摸索出了“起承转合”教学程序和

“四文一体”教学法。讲过几节让学生记忆深刻的语文课，如《梦游天姥吟留别》《过秦论》《林黛玉进贾府》《祝福》《在马克思墓前的讲话》《大堰河——我的保姆》等。也曾参加过县、市、省、全国级的讲课比赛，均获第一名。“讲一节好课并不难，难的是每一节课都讲得精彩。”我一直用这句话勉励自己。我还是“积累主义”者，主张多做读书积累。此是老生常谈，而越是常谈的，越是我们容易轻视而难做好的。古人云：“书读百遍，其义自见。”（《三国志·魏志·董遇传》）又云：“读书破万卷，下笔如有神。”（杜甫《奉赠韦左丞丈二十二韵》）这是放之古今而皆准的真理。有些学生偷懒取巧，不注重读书积累，结果十多年下来，读写能力都不见长进。我反复强调的，是多读书，读好书。同时，要做读书笔记，摘抄优美的语句、段落和篇章。我要求弟子要养成做读书笔记的好习惯，若积累几十万乃至上百万——知识性强、思想性强、文学性强——的文字，阅读写作能力能不提高吗？杨绛先生说：“好读书，肯下功夫。不仅读，还要做笔记。”

我始终觉得，语文教学要符合我国民族语的特质。我国语言、文学长河源远流长，博大精深，教语文没有一定的功底是不行的。做老师要能结合自己的素质才能、知识功底、人生经验，选择适合自己的教学方法，因文施教，因材施教；同时，注意接受先进、科学的教育思想、教学观念来丰富充实自己，遵照课改的精神而非模式，改进教学方法，才能成为与时俱进的语文老师，才能成为少误人子弟的语文教师。

谨以一副自勉联作为结语：站稳脚跟立业，放开眼界教书。

语文“四文一体”教学法的探索与实践

提高课堂教学质量是教改的核心任务，科学有效的教学方法是提高教学质量的保证。通过近三十年的语文教学实践，我逐步探索出了“四文一体”教学法，取之合道，教之有法，成效甚佳。现归结说明，诉诸文字。

所谓“四文一体”教学法，是在讲读文章时，将文字、文章、文学、文化融会贯通、有机结合，达到深透理解的一种教学方法。那么，此教学法的教理依据是什么呢？

文字，准确地说，是汉字。汉字是音、形、义的集合，属于表意系统的文字。字形和字音、字义有着密切的关系，仅就形、义来看，倘若我们能对汉字的形体结构做出正确的分析，那么，对于我们了解和掌握汉字的本义、引申义，以及它的表达效果，将有着较大的帮助，尤其是阅读古诗文的时候。准确理解字词，才能正确理解文句，体会语言表达的精妙，这是读解文章的基础。比如，鲁迅的小说《祝福》中，有这样几句："一见面是寒暄，寒暄之后说我'胖了'，说我'胖了'之后即大骂其新党。""寒暄"的"暄"，从"日"从"宣"，意为太阳的温暖。"寒暄"的意思是嘘寒问暖。鲁四老爷是讲理学的老监生，和"我"这个新派人物思想观念不合，嘘寒问暖是见面时的客套，接着就"大骂"，表明其封建道统的思想，而这无非拐着弯来表达对"我"的不满。从词语积累上讲，把握住了汉字表意这一特点，有助于记忆，不至于误写成"喧"；同时，从"寒暄"到"大骂"，变脸之快，言谈变化之大，便从"我"这一视角，表达出作者对鲁四老爷认知介绍的情感倾向。文字是表情达意的载体，这是理解语意的唯一凭借。

文章，本是为了传达自己的意思和情感而作的，意思和情感是文章的内容，篇章结构是文章的形式。内容是否充实，这关系到作者的经验、智力、修养；表达是否准确充分，这关系到作者写作构思成文的能力。从阅读教学角度看，涉及立意谋篇、思路结构、语言表达等方面内容。如何读懂一篇文章，它关涉字词句段篇的理解，时代背景的了解，作者思想性格、人生阅历、精神追求等诸多方面的把握等。对于中学生，文章有记叙文、议论文、散文、小说等文体，每一种文体各有不同的要素、表达方式、语言特点。理解文章需要综合能力，因此，需要读者将各种修养、知识、能力，凝聚贯通。

文学，在这里说文学是人学，就显得苍白了。有一种声音，说中学语文课不是文学课，此话固然不错，然而没有文学元素的语文课就少了“语文味”，只剩下知识教学，而少了人文传达。小说《荷花淀》中，水生嫂一句“你总是很积极的”，既有对丈夫积极上进的表扬，又有对丈夫抗日不顾家的一丝嗔怨，但并不反对，感情细腻丰富。“女人流着眼泪答应了他”：叫敌人汉奸捉住了就拼命。这是多么贤惠坚贞、深明大义的农村劳动妇女啊！这里有人性美、家国情，朴素而纯真，博大而高尚。“女人们到底有些藕断丝连”，“藕断丝连”这个成语用得多么恰切！从荷花淀植物取譬，形象生动地表现了女人们思念丈夫的微妙心理。读后让人如品香茗，回味无穷。文学味道里有人性、情感、精神、意境、审美……它让人觉得有韵味、有情调、有境界、有品位。这就是文学的味道！学生若能体味感受到文学的魅力，就会对语文学科产生兴趣，阅读和写作就会与“文采”相识结缘了。

文化，这里的“文化”不是一般意义上的抽象的文化概念，它指教师的授课内容要有一定的文化含量。中学教材从某种角度上讲，也是文学选本。在备课讲课时，可根据内容，广搜远绍，旁征博引。介绍作者朱光潜，先生平生最景仰两个人：陶渊明和弘一法师。一生奉行的座右铭是“以出世的精神，做入世的事业”。因做“入世”的事业，他有儒家兼济天下、经世致用的热肠，有“天行健，君子以自强不息”的追求。因有“出世”的精神，他深得道家超然物表、虚静无为的精髓，具有淡泊明志、宁静致远的境界。不管是风平浪静之时，还是黑云压城之日，始终锲而不舍，孜孜以求。朱光潜先生的人生是智慧人生，儒道互补。介绍作者的座右铭，自然地勾连到儒道文化，有为之行，无为之心。再续一例，文言文阅读有这样一句：“何欺寒人乎?”我问：“‘寒人’怎样翻译?”学生异口同声地回答：“穷人。”我接答：“严格地说，‘寒人’译成‘穷人’是不准确的。”学生愕然。我解释道：“寒人”应解释为贫寒的人或贫困的人。“贫”从“贝”，是缺少钱；中国汉字是表意文字，大概最初作为钱币使用的一般等价物是贝壳。“贫”的反义词是“富”，意为“有田产”。跟现在不一样——银行里存钱多也是富人。中国是传统的农业大国，有土地，生活就富裕，就能成为富人，故有“地主”之说。“穷”从“穴”从“力”，意为阻塞不通，没有出路。故字典解释为“不得志，不显贵”。“困”“穷”连用时，含有“贫穷”的意思。“贵”是禄位高，因而“富”“贵”常连用，指有权又有钱。我又问：“穷”的反义词是什么？学生一时没有反应过来。我启发道：“有这样一句名言：‘穷则独善其身——’”不等我说完，学生接答：“达则兼济天下。”“穷”的反义词不是“富”，而是“达”。“达”是通达、得志、显贵的意思。但我还想告诉大家：这句名言的最初版权不是白居易，是战国时代的思想家孟子，原句是这样的：“穷则独善其身，达则兼善天下。”你背的那句是白居易化用的孟子的名句。这样讲课知识性强，有学问含量，又能深入浅出，学生易于接受。语文课讲出中华文化、中华精神才会厚重。

文字、文学、文章和文化，皆有“文”字，我们讲的是语文，正副其实。字连成词，词连为语，语结为段，段接成章，而为文学，兼融文化。叶圣陶先生说：“文字是一道桥梁，这边的桥堍（tù）站着读者，那边的桥堍站着作者。通过这一道桥梁，读者才和作者会面。不但会面，并且了解作者的心情，和作者的心情相契合。”（《驱遣我们的想象》）一篇文章，文字是载体，社会生活、思想感情是内涵，文学、文化是外延。将“四文”融会贯通，同步立体推进，语文的实用性、人文性得以并举，此是语文教学之要。四文一体，纲举目张。学理不悖，教理通达。

“四文一体”教学法的实施原则是融通性、兼顾性、侧重性、同步性。

融通性，即对教学文本从正音释义、句意修辞、行文思路、文章结构，到思想主题、作者生平、写作时代、表达风格等等，要能较深入地理解，融会贯通。高屋建瓴，驾驭作品，立体把握文本，是这一教学法实施的前提基础。然后，在授课中才能“四文”并举。这对教师的要求很高，要求老师有学识修养，有文学文化功底。

兼顾性，即在讲读课文的时候，兼顾综合性与实践性、工具性与人文性，四者不可偏废。语文课程是引导学生在真实的语言运用情境中，通过自主的语言实践活动，积累语言经验，把握祖国语言文字的特点和运用规律，加深对祖国语言文字的理解与热爱，培养运用祖国语言文字的能力；同时，发展思辨能力，提高思维品质，培育社会主义核心价值观，培养高尚的审美情趣，积累丰厚的文化底蕴，理解文化多样性。

侧重性，即在文本讲读的过程中，依据具体内容，重点突出，不面面俱到，不牵强攀扯。整篇文章或某一语段，有的描写精彩，有的议论精辟；有的豪放高亢，有的婉转深致；有的缠绵忧郁，有的热情浪漫……要抓住其个性特点，突出重点。教学中根据具体内容各有侧重，才不致旁逸斜出。讲诗，就突出诗的个性；讲小说，就突出小说特点；讲戏剧，就突出戏剧特征……一句话："是什么，就侧重什么。"

同步性，即在讲课的过程中，"四文"适时、适度、渐次同步推进。文字是作者表情达意的载体，是情意的呈现形式，文学是文章的特质，文化是作品的张力。作者在行文时，这些彼此交融，如同混合剂。我们教学时，要同步分析，次第呈现。这样，就不会孤立割裂，支离破碎，缺少整体感。

运用"四文一体"教学法，课堂景象是怎样的呢？试举例说明。例如，在讲授《为了忘却的记念》一文时，课堂实录如下。

【学生朗读（以下简称"生读"）】

> 天气愈冷了，我不知道柔石在那里有被褥不？我们是有的。洋铁碗可曾收到了没有？……但忽然得到一个可靠的消息，说柔石和其他二十三人，已于二月七日夜或八日晨，在龙华警备司令部被枪毙了，他的身上中了十弹。

原来如此！……

【讲授】“原来如此！……”感叹号紧跟省略号。在这里，我们不只简单地说鲁迅的抒情有多么强烈、真挚，因为这是“鲁迅”式的抒情。“天气愈冷了，我不知道柔石在那里有被褥不？我们是有的。洋铁碗可曾收到了没有？”人生在世，衣食住行。鲁迅首先想到的是：一、不知道柔石那里有被褥不？二、洋铁碗可曾收到了没有？噩耗传来，而且是确实的，先生这样表达：“原来如此！……”

【思考与提问（以下简称“思问”）】感叹号表达了什么？省略号表达了哪些丰富的思想情感？

【学生回答（以下简称“生答”）】略

【讲授】好！连引得真好！我们又想到了本文中的另一个内容：“年青时读向子期《思旧赋》，很怪他为什么只有寥寥的几行，刚开头却又煞了尾。”此时，除了悲愤，还会有什么？我们先梳理一下文脉，“天气愈冷了，我不知柔石在那里有被褥不”，在鲁迅的心里，柔石还活着，而且认为他不会被杀害。可结果呢？得到的消息是他们被枪毙了。这就形成了巨大的反差，除了“悲愤”，还有震惊、绝望等，这种种复杂的情感都融入这省略号中了。至情言语即无声，于无声处见至情，此时无声胜有声。我们再宕开一笔，看到省略号，我们不由得想起曹雪芹的小说《红楼梦》。林黛玉临死的时候，只说了一句话：“宝玉，宝玉，你好！……”宝玉受骗，去和宝钗结婚了。这时，黛玉身边只有贴身的丫鬟紫鹃。窗外，月在天西，时过三更，竹梢风动，月影移墙，好不凄凉冷淡！黛玉焚稿，她焚烧的是自己的爱情。最后，直直地喊了一句："宝玉，宝玉，你好！……"话未说完，香魂一缕随风散，愁绪三更入梦遥。文学大师的笔法何其相似！省略号，这是"鲁迅"式的留白。"留白"指书画艺术创作中为使整个作品画面、章法更为协调精美而有意留下相应的空白，留有想象的空间。

【板书】**留白**

窥斑知豹，见一识类。实施"四文一体"教学法，教学容量宏大，课堂气象博杂。这样授课，能对文本理解具体深入，讲解充分透彻，充分展现语文学科的精彩、魅力，调动学生学习的积极性。进而，帮助学生掌握知识，提高能力，提升品质。最终，拥有语文情结，树立学科信仰。

此教理通，施之有效。有志之师，盍试为之？

不是学法的学法——关于语文学习的几点建议

总有学生问我："怎样才能学好语文？怎样才能在考试中拿

高分?”我常常欲说无以言。因此，也就时常思考语文学法方面的问题。

同学们，老师想对你们说——

“学法的探索和取得须建立在勤奋刻苦的基础之上。”

在同学们的学习交流中，我们会发现，总有相当一部分学生把学习的进步主要寄托在好的学习方法上，似乎觉得，只要找到了好的学习方法，就可以事半功倍，成绩飙升。我倒觉得，学法本无所谓有，无所谓无。方法因人而异，适合自己的就是好方法，不必刻意寻求。历来学习优秀的学生都不是专找方法，也不会单靠方法。你即便问他，他实在也说不出。明代学者吴梦祥自己定了一份学规，上面写道：“古人读书，皆须专心致志，不出门户。如此痛下功夫，庶可立些根本，可以向上。或作或辍，一曝十寒，则虽读书百年，吾未见其可也。”（邓拓《不要秘诀的秘诀》）看来这个学规中，除了“不出门户”的关门读书的态度不值得提倡之外，其他都是很好的见解。事实也的确是这样。不管你学习和研究什么内容，只要专心致志，痛下功夫，坚持不懈地努力下去，就一定会有收获。所谓“功到自然成”，就是这个道理。语文是一个百科全书式的学科，学好语文是讲求功底的，没有一定的积累，很难在短期内突飞猛进。可就有一些同学平时不注意语文的积累，比如语文早自习背英语、历史，做数理化习题；上课不注意或不听讲，以为听老师分析课文是浪费时间，不如做两道理科题有收获。诸如此类，不一而足。殊不知，这样做是最愚蠢的学法，结果往往是语文没长进，其他科也未见有起色。对于语文作业，尤其是读书、作文，常常敷衍了事，得过且过……如此，怎能学好语文？有一副对联是这样写的：勤学如春起之苗，不见其增，日有所长；辍学如磨刀之石，不见其损，日有所亏。用在语文学习上最恰当不过。三年不认真学语文，跟三年认真学语文，学习效果能一样吗？到初三、高三了，想进重点中学或名牌大学，语文成了弱科，着急了，来找老师要提高学习成绩的妙法，哪有那么便捷的途径？聪明的人是肯下功夫的人，绝顶聪明的人是肯下笨功夫的人。鲁迅没有欺骗我们，他说："哪里有什么天才？我是把别人喝咖啡的工夫都用在工作上的。"种瓜得瓜，种豆得豆。语文是母语，从牙牙学语，我们最早接触的东西就是祖国的语言文字，如果你没出过国，我们就须臾不曾离开过它，可为什么学了这么多年语文，考试成绩还不如意？其他学科都是上学以后才系统地学到，为什么能把其他科学好，母语却学不好？我想更多的不是学不好而是不好好学，甚或是不学。是不为也，非不能也。古语有云："亡羊而补牢，未为迟也。"（《战国策·楚策四》）努力请从今日始。学习语文的方法的探索与取得还须建立在刻苦勤奋的基础之上。

老师想对你们说——

"不要把成绩的提高寄托在学习方法上，而应建立在良好学习习惯的养成上。"

我始终认为：学习方法没有优劣之分，只要适合自己，能够长知识、长能力、提高成绩，就是好方法。打个比方，古代兵器是刀好还是枪好？关羽使刀，过五关斩六将，没有对手；岳飞使枪，横挑金兵，所向披靡。不在于刀法和枪法哪个高妙，关键在于谁使。同理，学习的方法各具特点，也各有优劣。例如在做作业过程中，有人先把老师讲的内容复习一遍，然后再做当天的作业；而有人先做作业题，发现问题时，再翻书复习课上讲的内容。究竟哪一种学法好，我看不能下定论，这要看哪种方法适合自己并且学之有效。那种用找“武林秘籍”的心理来探求学习方法的学生，实质上是懒惰的学生。

学习过程不外乎课前预习—课上听讲—课下作业—课后复习这四个环节，其中，课上听讲是学习过程的关键环节。课上听讲没听好，作业就无法迅速正确完成；不能按时完成作业，就没有足够的复习和预习时间，进而导致第二天听课吃力。如此恶性循环，知识怎能学好？试问你有好的听讲习惯吗？能否做到聚精会神，保证一节课不走神，认真跟着老师思路走，积极思考并回答老师提出的问题？课下积极完成作业没有？遇到难题能否自己刻苦钻研？实在解不出是否及时向老师或同学求教？完成作业后，是否有预习的习惯？剩余时间是否有读书的习惯？读书时是否有做笔记的习惯？每当生活学习中有了感悟，是否有诉诸文字的习惯？学习一个阶段，是否有总结归纳系统知识的习惯？……如果你做到了这些，就不必挖空心思去探求什么学习方法了。良好的学习习惯是学习好的保障。这也是学习方法，是学习的根本大法，舍此不知其可也。此外，做到知和行的统一也很重要。大凡学习较差的同学在学习习惯上都存在着问题，应注意着手改正。否则，不会有大的进步。至于开夜车、搞题海战、集中突击等都是舍本逐末的方法，这是临阵磨枪，只能是“光”，却不能“快”。

老师想对你们说——

“学诗的功夫在诗外，学语文的功夫在语文之外。”

兴趣的养成是至关重要的，兴趣是最好的老师。有些学生会说：“学语文没意思，也没时间。”我感到很无奈，同时也在思考：“不是语文学科有没有意思，而是你怎么成了没意思的人?”我们从小就背“离离原上草”“处处闻啼鸟”…… 尽管失去兴趣的原因是多方面的，但有一种原因可以肯定，就是学习中的急功近利心理在起作用。学语文没有立竿见影的效果，它是讲求基础的。学习语文是不能偷巧的，一靠积累，二靠思考。多读多背多写多思，这“四多”仍然是建筑语文大厦的基石。语文重要的能力之一是迁移能力，即得法于课内，得益于课外。课本是本，要学好，但要达到考试要求的阅读写作水平，只凭数册语文课本是远远不够的。课外书要读，还要多读。碰到好的文章要做读书笔记，经常拿出来翻看，能理解成诵。有见闻感想就写出来，经常练笔。这样坚持下来，养成习惯，大有好处。时间长了，你会逐渐发现自己的思想见解、语言表达等在不知不觉中改变了，你的积累会在阅读写作时潜移默化地起作用。一篇文章没有生字，有些语句却读不懂，写作没思路，没话说，都源于没有足够的文学积累。老师在课堂上会讲文言文阅读方法，也做现代文阅读指导，还要讲写作思路，可那些对于一个没有一定积累的学生来说是干瘪的、苍白的。无源之水是不能流长的，无本之木是不能开花的。试卷中的阅读写作部分都有一定的思想深度和思维难度。用眼观察生活，用心思考生活，深入领悟生活，始终是学好语文的必备素质。人生处处是课堂，处处留心皆知识。语文的天地是博大而丰富多彩的，做生活的有心人，做生活的有情人，会使你的思想感情更丰富，知识视野更广阔。多读多背多写多思，这“四多”是老生常谈，虽无新意，但这是学语文的根本，老话重提还是有必要的。

曾有学生问我：“语文怎样才能学好?”我问他：“你怎样学好政治?”他说：“多背。”我又问：“你怎样学好数学?”他说：“多做题。”我回答他：“多背加上多做题就能学好语文。”“做题”是提高成绩的必由之路。做题要“精”，主要是把握答题思路，掌握答题技术。比如“语言连贯”题。通过做题，要掌握以下要领：(1) 全句话题一致的原则；(2) 突出语段重点的原则；(3) 上下文意合理的原则；(4) 陈述对象一致的原则；(5) 句终句首一致的原则；(6) 喻体本体一致的原则；(7) 前后句式一致的原则；(8) 上下音节和谐的原则；(9) 语体色彩一致的原则；(10) 感情色彩一致的原则；(11) 语句合乎逻辑的原则；（12）各项原则协调的原则。但要把这些原则运用自如，非有一定的题量做保证不可。以为像记数学公式那样记住了这些原则就会做这类题了，这是幼稚的想法。

老师想对你们说——

“只要站起来的次数比倒下去的次数多一次，就是成功。别心急，只要学起来！”

到了毕业年级，才开始认识语文基础的不足，倍觉时日不多，不免心急气躁。值得注意的是，有两种思想倾向是要不得的：一是绝望不学了，反正也不好，由它去吧；二是信心不足，能有进步吗？我想告诫同学们：“考试不惧怕不学，中高考拒绝不会。”优胜劣汰，这是铁律。别赌气，别气馁，只要学起来！相对而言，学总比不学有希望，做题总比不做有进步。语文是讲基础，但你不是一点儿基础没有；是讲积累，但你也不是毫无积累。有些题多做同样能掌握要领，提高能力。因而，要求我们有一种“我学不好谁能学好”的自信力，有一种“不到中高考绝不认输”的意志精神。更何况语文学科又处在考试科目的一号位上，“好的开头是成功的一半”，这话不免有些夸张，但也客观反映了开好头的重要性。“夫战，勇气也。一鼓作气，再而衰，三而竭。”（《曹刿论战》）若初战告败呢？后果不堪想象。可以说，语文的分值不止于那个数值，明智的人都这样认为。所以，学语文，你别无选择。千方百计学好语文是大明智！请记住：“只要站起来的次数比倒下去的次数多一次，就是成功。”而成功永远属于那些乐观自信、锲而不舍的人。

在这里，我还想提醒大家：学好母语是对每一个中华学子最基本的要求。在“疯狂英语”面前，我们不能失去根本。“胸无母语本难固，腹有诗书气自华。”让我们师生以此共勉！

（此文据作者2006年在河北唐山一中全校学法交流会上的发言稿整理修订而成）

第一讲

如何学习中学语文

【导语】同学们，祝贺你们步入中学课堂。中学语文，无论是初中，还是高中，自入高格。如何学习，请听我一一道来——

【讲授】这节课进行学法指导，讲如何学习中学语文。

一、　语文是什么？

【板书】一、语文是什么？

【讲授】有人说，语文是语言和文字；有人说，语文是语言和文章；有人说，语文是语言和文学；还有人说，语文是语言和文化。不一而足。叶圣陶老先生在《认真学习语文》一文中的说法是：

> 平常说的话叫口头语言，写到纸面上叫书面语言。语就是口头语言，文就是书面语言。把口头语言和书面语言连在一起说，就叫语文。这个名称是从一九四九年下半年用起来的。解放以前，这个学科的名称，小学叫“国语”，中学叫“国文”，解放以后才统称“语文”。

今天，我从另一个角度讲。语文是什么？语文是工作能力。

【板书】语文是工作能力

【讲授】语言是最重要的交际工具。就个人来说，是想心思的工具，是表达思想的工具；从人与人之间的关系来说，是交际和交流思想的工具。明天走向社会参加工作，语文学习又与工作能力密切相关。我曾听到过一个例子：李素丽是北京市公共汽车上的一名售票员，她真诚、热情地为乘客服务，被誉为“老人的拐杖，盲人的眼睛，外地人的向导，病人的护士，群众的贴心人”。有一次，在班车即将开动的时候，她看到一位农民工背包握伞，正急急奔向这辆车。见此情景，她随即大声说：“慢一点儿，您别着急，我们全车的人都在等着您呢!”这话说得多么得体。怕那位农民工因急跌撞，“慢一点儿”，是温馨提醒；“您别着急”，是真诚安慰；“我们全车的人都在等着您呢”，来北京的人大多很忙，在赶时间。去开会，去约见，去赶飞机、火车……这一班车赶不上，还有下一辆嘛，有的乘客或许产生不满情绪。这一句“我们全车的人都在等着您呢”，给人以客至如归的温暖，即使有个别情急的乘客，也就不好意思再说什么了。这叫工作艺术！同学们以后走向社会，参加工作，都要和人打交道，还要总结工作，发表意见，当了组织者，还要布置任务，动员宣传，交流思想，等等。可以说，无论是现在，还是明天，与我们须臾不能离且伴随终生的学科就是语文。从某种角度上说，语文能力就是工作能力。

【过渡】语文是什么？语文是学养的加油站。

【讲授】一次在前门大街，路过瑞蚨祥鸿记，抬眼见一副对联："经纶事业从针下，锦绣文章在掌中。"看店名，观此联，就知道经营什么。蚨，指青蚨，昆虫名。《搜神记》卷十三载："生子必依草叶，大如蚕子。取其子，母即飞来，不以远近。虽潜取其子，母必知处。以母血涂钱八十一文，以子血涂钱八十一文，每市物，或先用母钱，或先用子钱，皆复飞归，轮转无已。"后称钱为青蚨，瑞蚨祥以此为店名，取财源滚滚之意。理出丝绪为经，编丝成绳为纶，可知此行业与纺织相关。古代以青与赤相配为文，赤与白相配为章，文章即错杂的花纹，可知经营绸布色彩斑斓。店号、联牌标明经营范围，取期盼生意兴隆之念。不愧为中华老字号，确有人文底蕴。

北京是文化古都，是一个抬腿就能踏响典故的地方。我特别建议同学们专时去前门大街抄录对联，现集录几副，抛珠引玉——

瑞蚨交近友　祥气招远财　（瑞蚨祥）

天地庄周马　江湖范蠡船　（亿兆老店）

金炉不灭千年火　银钩常挂百味鲜　（全聚德烤鸭店）

店久十万朝乃诚信为本　酱香九州地唯品质是天（天福号食品专卖店）

东不管西不管酒馆　南是家北是家面佳　（老北京炸酱面店）

茶香高山云雾质　水甜幽泉霜雪魂　（张一元茶庄）

剪裁奇妙随心动　斩切坚难任意行　（王麻子刀具店）

同修仁德　济世养生　（同仁堂）

尚文尚武尚德因尚善　正心正意正道为正人　（尚文堂）

…………

【板书】语文是学养的加油站

【讲授】大家都爱唱歌，我给大家分析一首歌词，大家深度理解一下提高语言运用能力的重要性。那该是十几年前的事。一天下午，我去教学楼上课。前面有位女生边走边唱一首很流行的歌——《大中国》，我跟在她后面，边走边听，边听边想，歌声伴我进课堂。这节课要讲鲁迅的小说《祝福》，我没有直接入题，而是讲起了刚刚听到的这支歌——

师　我刚才上楼时听到一个女生在唱一首歌，歌名叫《大中国》。

生　我们也会唱。（兴奋状）

师　作为大家的语文老师，我建议大家不要唱这首歌。

生　为什么？（疑惑状）

师　我不通音律，不知曲，可我通语文，知词。这首歌歌词写得不好。

生　哪些地方不好？（不解状）

师　歌词第一句是什么？

生　我们都有一个家，名字叫中国。（有几个同学背出词来）

师　停！“我们都有一个家”，这句就有问题。“都”用得不对。例如：你有一支铅笔，我有一支铅笔，他有一支铅笔，可以说，我们都有一支铅笔。你有一个中国，我有一个中国，深圳有一个中国，上海有一个中国，能行吗？说得通吗？中国只有一个，不能搞分裂。中华民族是一家，需这样表达：我们共有一个家，名字叫中国。

生　哦——（恍然大悟状）

师　下一句是什么？

生　兄弟姐妹有很多，景色也不错。

师　打住！五十六个民族五十六朵花，五十六个民族是一家。中华大家庭有十几亿人，兄弟姐妹确有很多。“景色也不错”，什么叫“也不错”？此处“也”字用得不恰当。举个例子说吧，我们学过莫泊桑的短篇小说《项链》，开笔是这样的：“她也是一个美丽动人的姑娘，好像由于命运的差错，生在一个小职员的家里。她没有陪嫁的资产，也没有什么法子让一个有钱的体面人认识她，了解她，爱她，娶她；最后只得跟教育部的一个小书记结了婚。”路瓦栽夫人美丽动人，想进入上流社会，过上奢华的生活。可在当时进入上流社会，身为女子需有两个条件：一是貌美，二是有钱。她具备第一个条件，不具备第二个条件，出身卑微，没有资产。但她不安于现状，在一个舞会上，她大出风头。也是命运弄人，乐极生悲，丢了从朋友那里借来的那挂项链。一夜狂欢项链即锁链，十载艰辛喜剧成悲剧。“她也是一个美丽动人的姑娘”，这里的“也”字有对主人公的身世、容貌、梦想、追求的客观介绍，也包含着作者复杂的思想情感：“人生是多么奇怪，多么变幻无常啊，极细小的一件事就可以败坏你，也可以成全你。”这个“也”字值得品味。再比如，我们今天学的鲁迅的小说《祝福》，开笔这样写道：“旧历的年底毕竟最像年底，村镇上不必说，就在天空中也显出将到新年的气象来。”如果我们把“毕竟”去掉，将副词“也”改成“都”，句意会有怎样的变化呢？“旧历的年底最像年底，村镇上不必说，就在天空中都显出将到新年的气象来。”这样，就将阴郁沉闷的年底景象，改变为欢乐喜庆的年底景象。阅读写作时，一定要注意副词的意味。“景色也不错”，是说景色有不美的地方，只是美丽的地方多一些。因此，还算可以。能这样歌颂祖国吗？再想，当旧中国贫困落后、满目疮痍的时候，方志敏写下了《可爱的中国》，这首歌写“景色还凑合”，说得过去吗？我不质疑词作者的爱国情感，只是不认可他的语言表达。想把话说对、说好吗？请学习语文！下一句是什么？

生 家里盘着两条龙，是长江与黄河。

师 这两句好。这是养育我们华夏文明的母亲河，北方是黄河，南方是长江。下一句呢？

生 还有珠穆朗玛峰儿是最高的山坡。

师　停！这是病句。“山坡”一词，按字面理解，应是从山顶到山脚的坡体，山峰是山尖。山坡是山坡，山峰是山峰，不能混同。

生　（齐声）这歌我们不唱了。

【小结】我们要认真学习运用祖国的语言，做到简明、连贯、得体。记得中华人民共和国建立之初，《人民日报》发表过一篇社论——《正确地使用祖国的语言，为语言的纯洁和健康而斗争！》，我建议大家上网查出来，认真读一读，这篇社论仍具有十分重大的现实意义。

【板书】语文是高级美容师

【讲授】语文是什么？语文是高级美容师。学语文使人变得高雅，富有气质。容貌的美丑，来自遗传；服饰的美丑，标准不一。过度追求打扮，只会矫污本色，失之自然。唯一能不断充实完善，并不断走向完美的，是人的精神气质。而学习语文，读书写作，可以充盈我们的精神，陶冶我们的气质。胸藏湖海文始壮，腹有诗书气自华。随着读书的增加，阅历的丰富，个人的精神气质会沉淀为儒雅高贵。这是最有意义和价值的美容。

语文是百科全书式的学科。语文反映人类社会的事、理、情、志，表现民族精神、民族情操、民族审美情趣等。一言以蔽之：语文负载着丰富多彩的文化。

【思问】语文设为一个学科，学习的特点是什么？

二、 学习特点

【讲授】语文学习是讲求功底的，急功近利者学不好语文。勤学如春起之苗，不见其增，日有所长；辍学如磨刀之石，不见其损，日有所亏。这副对联用来概括语文学科的学习特点最恰当。

【板书】

勤学如春起之苗，不见其增，日有所长；辍学如磨刀之石，不见其损，日有所亏。

——陶渊明

【解说】勤奋学习就像春天田野里的禾苗一样，每天去观看，庄稼长势并不显见，可它确是每天都在生长，不曾停止。过半月或几个月，你会发现，庄稼长高了，或该收割了。辍学就像工匠使用的磨刀石一样，每天观察，不觉得亏损什么。可过半年一载，你会发现，磨刀石凹陷变薄，甚至已经换成一块新的了。这就是时间的力量！语文学习也是这样，是个慢工夫。当你短期懒惰懈怠时，学习不会感到明显吃力。一个星期、一个月有事或有病不来听课，再上课你也能听得懂。而数理化学科就不行了，别说一个星期、一个月，有时一节课不听，第二节课听着就吃力，这是学科特点。语文学习需要时间，需要积累。三年初中、三年高中，整整六年的时间，认真学习与不认真学习，结果会一样吗？到了初三或高三学年，再来重视语文这一弱科，不亦晚乎？有些同学平时总把语文作业放到最后，时间不够就不写了，甚或老师留的读书任务也不重视。由于这类作业老师不是天天检查，可以拖拉推后，而最终的结果往往是：书一字没读。结果会怎样？不想也该知道。因为语文学习的这个特点，很多同学都是“温水中的青蛙”，积弊成疾，“死”了。那么，我们刚踏入新学年第一道门槛，该怎样立学呢？每一个人都要认真思考，下定决心，并付诸行动！

【过渡】既然语文的学科性质、学习特点是这样，那么我们该如何学习呢？

三、　如何学习

【讲授】怎样学习？一语言之：坚持积累。

首先，积累知识。课本是本，不容忽视。课文是例子，然而是范例，不可轻视。其一，要积累字词——正音释义。不要小看字词积累，有些同学初中、高中写的作文，没有明显提高，有一种原因是词汇量没有增加。其二，要掌握每一课的文学、文化常识。作者简介是重要的写作材料。其三，要背熟课本里要求背诵的文段。随着教学进度走，不可滞后。不可等到考试时，该背的书还没有背。其四，精彩的语段要常读成诵。对精彩的尤其是自己喜欢的语句文段要多读几遍，最好背下来。养成习惯后，你会发现，文字的原始积累源于此，文学的兴趣也萌生于此。除课本外，还要看课外书。以教育部推荐的中学生课外文学名著必读书为基础，拓展延伸。记住：一定要多读书。“奇文共欣赏”，我给大家推荐 100 篇文章，这些文章是我在多年的阅读积累中挑选出来的，选择标准注重三性，即思想性、知识性、文学性。

其次，积累生活。语文的外延是生活。要从生活中学习语文。多观察，勤思考，善表达。你会发现：时时留心皆学问，人生处处是课堂。在校园里，我曾看到一个学生的鞋带开了，就在他身后说：“当你右脚踩到了左脚的鞋带，身子就会倾斜。”那个学生没在意，没走几步，果然踩到鞋带，脚步错乱，身子一晃。他回头看了看我，说了声“谢谢”，赶忙俯身系好鞋带，继续往前走。“——原来自己也能把自己绊倒。”我接着说。他冲我会心一笑，走进教学楼。这是生活里的情趣，或者说，这是生活中的诗。诗意地栖息，最适合校园生活。有会心，常动笔，写作水平自然提高；多读书，深体味，阅读能力自会增长。

要做生活的有心人。懂得这个道理的人多，能做到的人少。

“书读百遍，其义自见。”“读书破万卷，下笔如有神。”古人没有欺骗我们，语文学习没有捷径。多听多背多读多写多思，有这“五多”，才有“多才”。有句话说得好：“聪明的人是肯下功夫的人，绝顶聪明的人是肯下笨功夫的人。”这是学好语文的不二法门。

【板书】知识：课本——正音释义、文学文化常识、背诵部分、精彩语段等，坚持积累

生活：时时留心皆学问，人生处处是课堂，做生活的有心人

【思问】如何取得好成绩？

四、如何提高成绩

【板书】如何提高成绩

好成绩≈基础知识+阅读写作+做题积累

【讲授】分数是学生的命根，这是公认的道理。学业优异，

要用高分证明。取得高分的途径有多条，而简明的说法在这里：基础知识＋阅读写作＋做题积累。在课本学习中，要掌握基础知识，开拓阅读面，提高写作力。同时，中学一、二年级要适量做些题，熟悉题型。这样，学习的方向性、目的性更明确。考试既检验学习，又有资于学习。学习与考试，相辅共进。请注意：我承认做题是提高成绩的必由之路，但我主张初一初二、高一高二要侧重阅读、写作方面的积累，适量做题，必须与初三、高三有别。

【板书】必备文具、工具书

读书笔记本，或称文学积累本：腹有诗书气自华；劳于读书，逸于作文

语文作业本

知识点、试题积累本

三本工具书：《现代汉语词典》《古代汉语词典》《成语大词典》（商务印书馆）

【解说】我特别强调一下读书笔记本或文学积累本的规格和使用。它主要用于摘抄书中好的语段，若读后有感想，也可写在里面。这是自己的阅读、写作积累。在中学阶段积累下十几万或几十万字，就打下了较为扎实的文字功底，阅读写作能力自会提高，毋庸置疑。2018 届人大附中人文实验班弟子郑柳依的文学摘记就有厚厚的八本。郑柳依高考总分 691 分，语文

136 分。其中微写作满分 10 分，大作文 47 分。这是读书积累的功效。

【结语】这一讲是语文学法指导。希望弟子们知而且行，知行合一，学好语文。

附录 1　教育部指定中学生文学名著必读书目

一、初中必读部分（15 种）

初中一年级：

1. 罗广斌、杨益言：《红岩》
2. 安徒生：《安徒生童话选集》，叶君健译
3. 高尔基：《童年》，刘辽逸译
4. 凡尔纳：《格兰特船长的女儿》，范希衡译
5. 亚米契斯：《爱的教育》，田雅青译

初中二年级：

1. 杨沫：《青春之歌》
2. 老舍：《骆驼祥子》
3. 奥斯特洛夫斯基：《钢铁是怎样炼成的》，梅益译

4. 柯南道尔：《福尔摩斯探案》，丁钟华译

5. 艾里·居里：《居里夫人传》，左明彻译

初中三年级：

1. 巴金：《家》

2. 伏尼契：《牛虻》，李民译

3. 巴尔扎克：《高老头》，傅雷译

4. 兰姆姐弟改写：《莎士比亚戏剧故事选》，萧乾译

5. 中国科学院学部联合办公室编：《中国科学院院士自述》（青少年版）

二、高中必读部分（15种）

高中一年级：

1. 中共中央文献编辑委员会编：《矛盾论》《实践论》，见《毛泽东选集》（第一卷）

2. 钱锺书：《围城》

3. 斯威布：《希腊的神话和传说》，楚图南译

4. 朱光潜：《谈美》

5. 王梓坤：《科学发现纵横谈》

高中二年级：

1. 茅盾：《子夜》

2. 雨果：《悲惨世界》，李丹、方于译

3. 夏洛蒂·勃朗特：《简·爱》，祝庆英译

4. 刘小江编：《圣经故事》

5. 傅敏编：《傅雷家书》

高中三年级：

1. 马克思、恩格斯：《共产党宣言》，中共中央马克思恩格斯列宁斯大林著作编译局译

2. 胡绳：《从鸦片战争到五四运动》

3. 海明威：《老人与海》，海观译

4. 培根：《培根随笔选》，何新译

5. 芭芭拉·沃德、勒内·杜博斯：《只有一个地球：对一个小小行星的关怀和维护》

附录2　奇文共欣赏：佟先生推荐好文章100篇

1. 王敦洲：《重读鲁迅》

2. 杨曾宪：《鲁迅不应离我们远去》

3. 林贤治：《人间鲁迅》

4. 谢冕：《富有的是精神》

5. 李欧梵：《美国的“中国城”》

6. 冯骥才：《神州遍地小洋楼》

7. 王周生：《有一些感觉，正离我们远去》

8. 周国平：《波兹曼的诅咒》

9. 周国平：《幸福的悖论》

10. 周国平：《苦难的精神价值》

11. 周国平：《人的高贵在于灵魂》

12. 丫七：《中国人的根》

13. 林怀民：《魂魄》

14. 北国骑士：《汉语，我想对你哭》

15. 林海：《当英语成为我们追捧的品牌》

16. 邓海南：《如果优美的文字离我们而去》

17. 曾卫维：《重读欧阳修》

18. 梁衡：《乱世中的美神》

19. 梁衡：《读柳永》

20. 梁衡：《把栏杆拍遍》

21. 梁衡：《读韩愈》

22. 梁衡：《跨越百年的美丽》

23. 梁衡：《这思考的窑洞》

24. 梁衡：《大无大有周恩来》

25. 梁衡：《最后一位戴罪的功臣》

26. 梁衡：《人格在上》

27. 周国平：《人生寓言》

28. 耿立：《遮蔽与记忆：赵一曼》

29. 史铁生：《想念地坛》

30. 汪曾祺：《胡同文化》

31. 郁达夫：《北平的四季》

32. 张炜：《精神的魅力》

33. 谢冕：《永远的校园》

34. 杜鸿：《拜谒屈原祠》

35. 谢泳：《梁思成百年祭》

36. 柴爱新：《杨绛：人生边上觅归途》

37. 冯伟林：《引得春风度玉关：左宗棠之死》

38. 王敦贤：《生长在历史中的青藤》

39. 周灿人：《寂静钱锺书》

40. 冯骥才：《留得清气满乾坤》

41. 祝勇：《作为思想者的巴金》

42. 张承志：《清洁的精神》

43. 卞毓方：《煌煌上庠》

44. 卞毓方：《文天祥千秋祭》

45. 卞毓方：《凝望那道横眉》

46. 卞毓方：《千手拂云，千眼观虹》

47. 卞毓方：《长歌当啸》

48. 肖复兴：《孤独的普希金》

49. 肖复兴：《山之精魂》

50. 肖复兴：《水之经典》

51. 汪曾祺：《星斗其文，赤子其人》

52. 鲍尔吉·原野：《让高贵与高贵相遇》

53. 刘利民：《十二月党人的妻子们：风雪中那美丽的坚守》

54. 翟杰：《日本没有教师节》

55. 王开林：《陈独秀：龙性岂易驯》

56. 刘火雄：《蔡元培：绝不再做政府任命的校长》

57. 李鹿：《梁思成：心碎倾城》

58. 纪彭：《草根行者梁从诫》

59. 萧且行：《西南联大：学术自由　民主堡垒》

60. 朗诵诗：《记得吗？你的祖先名叫炎黄》

61. 李宗陶：《草婴的胜利》

62. 李辉：《告别权利的瞬间》

63. 陈祖芬：《哈佛的证明》

64. 余杰：《遥远的掌声》

65. 陈平原：《千年文脉的接续》

66. 周泽雄：《从钱锺书考零分说起》

67. 孙郁：《文字后的历史》

68. 赵园：《红之羽》

69. 张晓风：《我交给你们一个孩子》

70. 张晓风：《只因为年轻啊》

71. 席慕蓉：《生命的滋味》

72. 余光中：《逍遥游》
73. 余光中：《沙田山居》
74. 史铁生：《我与地坛》
75. 余秋雨：《道士塔》
76. 余秋雨：《莫高窟》
77. 余秋雨：《废墟》
78. 余秋雨：《风雨天一阁》
79. 余秋雨：《遥远的绝响》
80. 林子明：《认真极处是执着》
81. 梁文道：《清贫与富贵》
82. 童大焕：《岂能以富豪论大学精神》
83. 姜岩：《刘翔，输了也正常》
84. 孙云晓：《夏令营中的较量》
85. 蒋子龙：《托翁的动手能力》
86. 李存葆：《祖槐》
87. 高伟杰：《只为一个人》
88. 王聃：《羞辱是一门选修课》
89. 陈鲁民：《齐白石的"两笑"》
90. 熊召政：《只有疏狂一老身》
91. 吕麦：《傲慢与非偏见》
92. 范曾：《梵高的坟茔》
93. 冯骥才：《孤独者的自由》

94. 谢望新：《作家，你需要什么——谈散文创作》

95. 培根：《论真理》

96. 培根：《论善良》

97. 许纪霖：《被扭曲的现代化》

98. 费晔：《拿什么纪念大师》

99. 卢新宁：《在怀疑的时代依然需要信仰》

100. 孙中山：《在岭南大学黄花岗纪念的演说》

【推荐心语】陶渊明有诗云："奇文共欣赏，疑义相与析。"(《移居二首》)这百篇文章，余颇欣赏，每周印发给弟子，供其阅读。虽一孔之见，不成体系，然亦水中有珠，璞中有玉，值得一观。其目的在于培养兴趣，引导弟子多读书，养成积累的习惯。今将篇目集录于此，引玉是也。

国文教师佟世祥于己亥春

第二讲

语体文教与学

【导语】语体文是白话文的别称，指的是以现代汉语口语为基础，经过加工的书面语。它是相对于文言文而说的。如何学习语体文，请听我一一道来——

如何学习语体文

【讲授】在新近几轮课程标准制定和课程方案制定的大背景下，我想强调：中学语文教与学要重视“双基”——基础知识、基本技能。基础教育重基础。我以为，不要把基础教育搞得太高。古语有云：“毛羽不丰满者，不可以高飞。”（《战国策·秦策一》）基础不固，大厦不牢。

基础知识主要指字、词、句、段、篇；基本技能主要指听、说、读、写、思。

【板书】基础知识：

字——正音

词——释义

句——语法

段——句群

篇——主题

【解说】学习一篇课文，字词认读、解释是第一关，正确读音、解释词义是理解句子的关键。不能正确认读生字、理解生词，就不能准确理解句意；句意不能正确理解，就不能准确把握段意；各段段意不能全面理解，也就不能准确把握文章主题。这是提升阅读理解能力的障碍。基于此，需要对字音、词义逐个积累，逐课积累，不断增大词汇量，为写作打下坚实的基础。若到高中，还是初中的语言表达层次，很大程度上是词汇量不够。

句子理解要借助语法。语法是汉语组织法则，遵从语法，表意就通畅明确；违背语法，表意就含混不清。在阅读文章时，要注意语法学习，提高语言修养，力求表达文从字顺。常见的语病类型有：语序不当、搭配不当、成分残缺或赘余、结构混乱、表意不明、不合逻辑。避免这些语病出现，语言表达水平自有提高。掌握基本的语法知识，是十分必要的。现在流行的做法是不讲语法，理由是：考试不考语法知识，只考语言运用。我以为，老师要教、学生要学基本的语法知识，因为知识就是能力。

段意的把握难度就大一些。一般地，较大的段落由多个句子或多个句群组成。阅读时，要会分析句子间的逻辑关系，如并列、承接、选择、转折、递进、因果、条件、解说等，进而把握段落大意。如果段意都不能理解，怎么期望能读懂整篇文章？

篇是由诸多段落组成的，一篇文章只有一个主题。读文章，要通过追踪作者思路，把握段意结构，归纳出中心思想。若与作者主意相契合，就是读懂文章了。这需要综合能力，要不断训练。

在具体语境中理解语意，是语文学习的传统方法。要养成字不离词、词不离句、句不离段、段不离篇、篇不离中心、中心不离背景的阅读理解习惯，最后达到独立阅读文章的目的。

【板书】基本技能：

听——听讲

说——口头表达

读——阅读

写——书面表达

思——语文思维

【解说】回到语文学科上来，语言文字是人类社会最重要的交际工具和信息载体，是人类文化的重要组成部分。语文课程是一门学习祖国语言文字运用的综合性、实践性课程。工具性与人文性的统一，是语文课程的基本特点。因此，从基本技能上说，听、说、读、写、思是基本的交际能力，需要训练和培养。

听，听懂说话人的意思。说，口头表达自己的意思。读，读懂文章传达的信息、思想和情感。写，书面表达自己的所见、所闻、所思、所感。思，培养语文思维，提高文商。

所谓“文商”，就是一个人在文字、文学方面的修养商数。它由两部分组成：一是先天禀赋，即爱好和兴趣；二是后天努力，即从小喜欢阅读，爱看书。二者相加，养成文学素质，即对语言、文字、文章、文化理解的敏感度。先天和后天，二者相比，后天更重要。因为先天无可选择，后天可以培养。但它是一个艰苦的历程，一分耕耘，一分收获。

听、说、读、写、思是语文学科最基本的技能，力争全面发展。

【过渡】语文学习除双基外，还要培育核心素养和人文精神。

【板书】核心素养与人文精神

【讲授】语文学科核心素养，是学生在积极参与语言实践活动中积累与构建起来，并在真实的语言运用情境中表现出来的语言能力及品质；是学生在语文学习中获得的语言知识与语言能力，思维方法和思维品质，情感、态度与价值观的综合体现。这里的人文精神，是指学生通过语文学习，热爱祖国语言文字，热爱中华优秀文化，拥有家国情怀和审美修养。

在语文教之道、学之法方面，我赞同语文老前辈钱梦龙的教学思想。请允许我引录几段，申己之意。

> 我国传统的民族语教育的经验，概括地说，主要凭借对范文（它们是运用民族语的典范）的学习，培养学生对民族语的感悟能力和热爱民族语的感情，并使学生在掌握

民族语的过程中受到民族精神、民族文化的熏染；同时又通过写作的训练，提高学生理解和运用民族语的能力。因此，读和写（扩大一点，还包括听和说）是学习民族语的必由之路。中小学为什么要开设语文课？叶圣陶先生说得再明白不过："学生须能读书，须能作文，故特设语文课以训练之。"以达到"学生自能读书，不待老师讲，自能作文，不待老师改"的目的(《叶圣陶语文教育论集》)。语文教学，说到底，就是这么回事；教会学生读书和作文，使学生在读和写的实践中学习和掌握汉民族语。

读和写（包括听和说），作为学生在语文课上学习民族语的主要实践方式，其中"读"又是基础，是根本。从语文课程内部的课时分配看，阅读教学占的分量最重；语文教学理念的更新，也首先表现在阅读教学的改革上。道理很简单：阅读是学生学习民族语的主渠道。在阅读教学过程中，学生通过对范文的诵读、品味、赏析，生成语感，积累语料，学习民族语的丰富的表现力；与此同时，也受到范文所蕴含的思想、情感、情操的熏陶。因此，正是对民族语的学习，充分体现了语文课程熏陶渐染、潜移默化的功能。这些道理是不言而喻的，不必非要通过定什么"性"才能解决。在学生学习范文的过程中，民族语作为一种工具，不仅是交际的工具、思维的工具，更是学生提高语文素养、丰富精神世界的工具。我赞同苏联教育家达尼洛夫的观点："本族语是对学生进行普通教育的基础。本族语本身包含着使学生得到全面发展的最大可能性。"我也同意法国学者加斯东·米亚拉雷的话："学校的语言首先是占统治地位的文化的传播工具。因此所谓的母语教学的问题从来就不是一个纯技术问题。"我想，一位语文教师，如果确实教得学生能够熟练地运用民族语，能读会写、能言善听，则厥功至伟，此外还有什么呢？

——钱梦龙《为语文教学招魂》

要之，语文教师的教学宗旨恒定：既要教语文，又要育其人。学生学语文的任务也很明确：既要学阅读写作，又要培养语文素养、人文精神。

【思问】涉及具体课文，我们该怎样教与学呢？

【讲授】下面按文体选择几篇经典课文，以"教学笔记"——教案+实录——的形式，展现我的课堂教学，其中教与学的理念、方法就在里面，谨供师生参考。

教与学课例1：《记念刘和珍君》（鲁迅）

【导语】"五四"以后，能以自己的文字唤起读者丰厚想象的，唯鲁迅而已。今天，我们就从这一视角来分析先生的作品——

【生读】

记念刘和珍君

一

中华民国十五年三月二十五日，就是国立北京女子师范大学为十八日在段祺瑞执政府前遇害的刘和珍、杨德群两君开追悼会的那一天，我独在礼堂外徘徊，遇见程君，前来问我道，“先生可曾为刘和珍写了一点什么没有？”我说“没有”。她就正告我，“先生还是写一点罢；刘和珍生前就很爱看先生的文章。”

【讲授】首先，解题“记念刘和珍君”。“君”，敬辞。鲁迅视学生刘和珍为战友、同志，表达崇敬之情。再者，本文切入角度是刘和珍，更有利于突出主旨。揭露控诉反动政府枪杀爱国学生的罪行，从爱国女学生的角度更有力。多少男人的呼喊也比不上一个弱女子的哭泣，于是，万里长城下走来了孟姜女；于是，段祺瑞执政府前走来了微笑着的和蔼的刘和珍君。

开篇鲁迅郑重记下开追悼会的时间，以示庄正态度，这是严肃的革命文学。在《无花的蔷薇之二》中，鲁迅大书，称这是“民国以来最黑暗的一天”。

【生读】

这是我知道的，凡我所编辑的期刊，大概是因为往往有始无终之故罢，销行一向就甚为寥落，然而在这样的生活艰难中，毅然预定了《莽原》全年的就有她。我也早觉得有写一点东西的必要了，这虽然于死者毫不相干，但在生者，却大抵只能如此而已。倘使我能够相信真有所谓“在天之灵”，那自然可以得到更大的安慰，——但是，现在，却只能如此而已。

【讲授】注意这一段行文的严密逻辑，“我也早觉得有写一点东西的必要了，这虽然……但……却……倘使……但是……却只能如此而已。”语言表达要跟鲁迅先生学，缜密、准确。预定《莽原》，从这件事上，表现出刘和珍是一个酷爱知识、渴求真理、热爱生活的进步青年。

【生读】

可是我实在无话可说。我只觉得所住的并非人间。四十多个青年的血，洋溢在我的周围，使我艰于呼吸视听，哪里还能有什么言语？长歌当哭，是必须在痛定之后的。而此后几个所谓学者文人的阴险的论调，尤使我觉得悲哀。我已经出离愤怒了。我将深味这非人间的浓黑的悲凉；以我的最大哀痛显示于非人间，使它们快意于我的苦痛，就将这作为后死者的菲薄的祭品，奉献于逝者的灵前。

【讲授】阅读时不忘积累词语，尤其是课本中注释的词语。逐课积累，不离语境，才易记忆，记住才能运用。养成习惯，自见功效。本段中就有“长歌当哭”“出离”“深味”“菲薄”。

作者想要表达的意思是：我只觉得所住的不是人间，而是地狱。而且出离愤怒了，只得在悲痛之时写文章，将最大哀痛、苦痛表达出来，以敬悼逝者。让魔鬼们去狞笑、快意吧！笔锋犀利！注意体会鲁迅的语言风格。

【生读】

二

真的猛士，敢于直面惨淡的人生，敢于正视淋漓的鲜血。这是怎样的哀痛者和幸福者？然而造化又常常为庸人设计，以时间的流驶，来洗涤旧迹，仅使留下淡红的血色和微漠的悲哀。在这淡红的血色和微漠的悲哀中，又给人暂得偷生，维持着这似人非人的世界。我不知道这样的世界何时是一个尽头！

我们还在这样的世上活着；我也早觉得有写一点东西的必要了。离三月十八日也已有两星期，忘却的救主快要降临了罢，我正有写一点东西的必要了。

【思问】“真的猛士”，是哀痛者，也是幸福者，怎样理解？

【讲授】“真的猛士”敢于直接面对惨淡的人生，敢于正面注视淋漓的鲜血。他们为国家民族的前途，为人民的悲惨命运而悲哀痛苦，因而他们是哀痛者。他们又勇往直前、奋斗献身，他们为自己的理想信念而奋斗，因而他们又是幸福者。幸福是什么？幸福是使人心情舒畅的境遇和生活，是人内心的精神满足感。这是猛士的幸福观，非庸人可解。

“庸人”是指平平庸庸、无所作为、麻木健忘、安于现状的愚弱的国民。鲁迅的态度是哀其不幸，怒其不争。

【生读】

三

在四十余被害的青年之中，刘和珍君是我的学生。学生云者，我向来这样想，这样说，现在却觉得有些踌躇了，我应该对她奉献我的悲哀与尊敬。她不是“苟活到现在的我”的学生，是为了中国而死的中国的青年。

她的姓名第一次为我所见，是在去年夏初杨荫榆女士做女子师范大学校长，开除校中六个学生自治会职员的时候。其中的一个就是她；但是我不认识。直到后来，也许已经是刘百昭率领男女武将，强拖出校之后了，才有人指着一个学生告诉我，说：这就是刘和珍。其时我才能将姓名和实体联合起来，心中却暗自诧异。我平素想，能够不为势利所屈，反抗一广有羽翼的校长的学生，无论如何，总该是有些桀骜锋利的，但她却常常微笑着，态度很温和。待到偏安于宗帽胡同，赁屋授课之后，她才始来听我的讲义，于是见面的回数就较多了，也还是始终微笑着，态度很温和。待到学校恢复旧观，往日的教职员以为责任已尽，准备陆续引退的时候，我才见她虑及母校前途，黯然至于泣下。此后似乎就不相见。总之，在我的记忆上，那一次就是永别了。

【思问】鲁迅是“苟活”吗？怎样理解“苟活到现在的我”？从第三部分第二段简要的介绍中，你看出刘和珍是一个怎样的青年？

【讲授】鲁迅不是“苟活”，他是“中国文化革命的主将，他不但是伟大的文学家，而且是伟大的思想家和伟大的革命家。鲁迅的骨头是最硬的，他没有丝毫的奴颜和媚骨，这是殖民地半殖民地人民最可宝贵的性格。鲁迅是在文化战线上，代表全民族的大多数，向着敌人冲锋陷阵的最正确、最勇敢、最坚决、最忠实、最热忱的空前的民族英雄”（毛泽东《新民主主义论》）。1933 年 6 月，鲁迅参加杨杏佛追悼会，出门时不带家门钥匙，抱必死决心。鲁迅文中说：“她不是‘苟活到现在的我’的学生，是为了中国而死的中国的青年。”这是对刘和珍的高度评价。鲁迅是大智大勇的猛士，绝非苟且偷生之辈，为突出刘和珍的高贵品质，他不惜贬损自己，足见先生人格的伟大。

从文中我们知道，刘和珍和鲁迅几无交往。没有交往，没有多少了解，怎么写？这是一个难题。没什么不硬写，这是鲁迅的写作原则。他如实地给刘和珍一些特写：“但她却常常微笑着，态度很温和。”“也还是始终微笑着，态度很温和。”“我才见她虑及母校前途，黯然至于泣下。”仅此而已。但正是这些特写，让我们仿佛看到这样一位爱国女青年：和蔼善良，有思想，富有正义感和责任感，渴求真理，富于革命斗争精神。这一笔，写出了人的性格、精神、品质。值得我们学习其写人物的方法。

阅读写作不分家，二者同步提高，此教与学之大法。

【板书】一、二、三　悲痛地忆念哀悼

【过渡】行文进入高潮，请读第四部分——

【生读】

四

我在十八日早晨，才知道上午有群众向执政府请愿的事；下午便得到噩耗，说卫队居然开枪，死伤至数百人，而刘和珍君即在遇害者之列。但我对于这些传说，竟至于颇为怀疑。我向来是不惮以最坏的恶意，来推测中国人的，然而我还不料，也不信竟会下劣凶残到这地步。况且始终微笑着的和蔼的刘和珍君，更何至于无端在府门前喋血呢？

然而即日证明是事实了，作证的便是她自己的尸骸。还有一具，是杨德群君的。而且又证明着这不但是杀害，简直是虐杀，因为身体上还有棍棒的伤痕。

【讲授】积累词语：噩耗、惮、喋血、尸骸。

学生请愿，执政府镇压，是作者始料不及的；更甚者，是“虐杀”。鲁迅用词精准。

【生读】

但段政府就有令，说她们是“暴徒”！

但接着就有流言，说她们是受人利用的。

【讲授】杀死你—你死有余辜—再玷污烈士英名。

荷枪的反动派打倒的是烈士的躯体，何其残暴；执笔的走狗文人玷污的是烈士的英名，卑鄙。鲁迅对后者尤其不能忍受。

【生读】

惨象，已使我目不忍视了；流言，尤使我耳不忍闻。我还有什么话可说呢？我懂得衰亡民族之所以默无声息的缘由了。沉默呵，沉默呵！不在沉默中爆发，就在沉默中灭亡。

【思问】在这样的情形、这样的心情下，鲁迅只用了 19 个字："惨象，已使我目不忍视了；流言，尤使我耳不忍闻。"如何理解？

【讲授】这是鲁迅最悲愤的时刻。可先生只用了 19 个字。这就是"鲁迅"式的控诉。这种表达方式在一般人看来是陌生的，一般作家定会滔滔不绝地控诉，一发胸中的愤怒。冷静而思，鲁迅的叙述方式恰是符合常情常理的。一个人在最悲痛的时候，欲哭无泪；在最痛苦的时候，欲诉无声；在最愤怒的时候，欲说无以言…… 这是文学上的空白艺术，语断而意未绝。辛弃疾曾写过一首意味隽永的小词："少年不识愁滋味，……为赋新词强说愁。而今识尽愁滋味……却道天凉好个秋。"(《丑奴儿 · 书博山道中壁》) 识尽愁滋味后，词人只平淡地说："这个秋天好凉啊！"留下无限空白，任人品味。文学大师曹雪芹也有类似的笔法。林黛玉临死的时候，直直地喊了一句："宝玉，宝玉，你好！……"说完，香魂一缕随风散，愁绪三更入梦遥。省略号，这是"鲁迅"式的留白。至情言语即无声，于无声处见至情，此时无声胜有声。

“不在沉默中爆发，就在沉默中灭亡。”这是诗化的句子，已成为传世的文字。

【思问】这是一个选择复句。从语言倾向性上看，鲁迅做了选择吗?

【讲授】沉默有两种：一种是走向灭亡的沉默，一种是暴风雨前的静默。鲁迅曾写道：“这不是一件事的结束，是一件事的开头。墨写的谎说，决掩不住血写的事实。”(《无花的蔷薇之二》)从语言倾向性上看，鲁迅做了明确的选择。既有对反动派的警告，又有对后死者的呼唤、激励。“起来，不愿做奴隶的人们!”先生的文字带有血气、杀气，也有浓浓的书卷气。“五四”后，文化传统断裂。当下优秀的杂感家独缺少纸墨间的精魂，消失的便有古诗词的韵律。更兼写时评的愤青，大多成为口号与谩骂的书写者。丧失了学识的战叫，不过市井的斗骂而已。鲁迅还说过：“辱骂和恐吓决不是战斗。”(《辱骂和恐吓决不是战斗》)这就是“鲁迅”式的呐喊，可呐喊又是那样深沉、内敛!

【生读】

五

但是，我还有要说的话。

我没有亲见；听说，她，刘和珍君，那时是欣然前往的。自然，请愿而已，稍有人心者，谁也不会料到有这样的罗网。但竟在执政府前中弹了，从背部入，斜穿心肺，已是致命的创伤，只是没有便死。同去的张静淑君想扶起她，中了四弹，其一是手枪，立仆；同去的杨德群君又想去扶起她，也被击，弹从左肩入，穿胸偏右出，也立仆。但她还能坐起来，一个兵在她头部及胸部猛击两棍，于是死掉了。

【讲授】鲁迅在这里一句多断，使用了短句。我们能体味出，先生写这段文字时，字字带血，声声含泪，几乎说不出成句的话，是哽咽而述，只得断断续续写几行文字来表达自己撕肝裂肺的沉痛心情。这是纯粹的记叙，没有借助描写的表达方式。在别人看来可以大书特书的内容，鲁迅却这样处理，真是不可思议。可转念一想，我们就会明白，先生是真实的，没有丝毫的矫情。透过这些平白朴素的文字，我们能看到先生的内心世界。好比看电影，彩色片固然炫目、生动，黑白片却更朴素、逼真。——这是学识与智慧的叙事语态。旧书中好的东西，生活中原本的东西，他都抓住了，而且形成了合力。先生用的都是人们再熟悉不过的词语，但组合方式却是反逻辑的、超常规的。先生的语言颠覆了日常的幻影，还原了一个原本的存在。而这，已在世俗的叙述里被淹没了。我们在一般的作家那里，看不到这样的“陌生”的文字，这样本真的文字。就是一个字——“真”！在这陌生化的叙述里，我们可以嗅出人本的东西。

我还想再补充一点，这又是一份精准的法医鉴定。不难看出，鲁迅在仙台学医获得的医学知识，在这里得到运用。知识没有白学的。再一次重申：知识就是能力。

【生读】

> 始终微笑的和蔼的刘和珍君确是死掉了，这是真的，有她自己的尸骸为证；沉勇而友爱的杨德群君也死掉了，有她自己的尸骸为证；只有一样沉勇而友爱的张静淑君还在医院里呻吟。当三个女子从容地转辗于文明人所发明的枪弹的攒射中的时候，这是怎样的一个惊心动魄的伟大呵！中国军人的屠戮妇婴的伟绩，八国联军的惩创学生的武功，不幸全被这几缕血痕抹杀了。

【讲授】“始终微笑的和蔼的刘和珍君……沉勇而友爱的杨德群君……只有一样沉勇而友爱的张静淑君……”鲁迅不是词穷，而是心情过于悲痛，无心遣词，就像亲人去世了，不断地叙说：“昨天还好好的，怎么就走了呢?”制造“三一八”惨案是“中国军人”的行动，更是帝国主义的意志，实质上，它是一次帝国主义和段政府互相勾结合谋屠杀中国人的大惨案。“伟大”是正语，赞颂三个女子的勇敢行为和不畏牺牲的精神。“伟绩”“武功”是反语，旨在揭示、讽刺当局的野蛮残暴。正语不足以表达愤怒，转而使用反语，何其高妙！

【生读】

> 但是中外的杀人者却居然昂起头来，不知道个个脸上

有着血污……

【思问】看到这段文字，我们自然能想起一个成语，是什么？

【生答】恬不知耻。

【讲授】对。鲁迅其实最想说："这群'恬不知耻'的东西！"可是，鲁迅没有直说，而是形象地描述出来了，这就是"鲁迅"式的讽刺。鲁迅写作是有这样的特点：不直接发表议论，而是描绘出具体形象。实际上，真正高明伟大的作家，他们往往不是站出来直说，而是把自己的真意溶入记叙、描写当中。这会自然地让我们想到唐诗，诗贵含蓄，用形象表达主题。回到前面的内容，"不在沉默中爆发，就在沉默中灭亡"，表达含蓄，但意思却很明了。这一句"不知道个个脸上有着血污"，形象地勾勒出他们无耻的嘴脸。有人说鲁迅在文章里善于骂人，这不对。鲁迅是讽刺人。比如，《拿来主义》一文："如果反对这宅子的旧主人，怕给他的东西染污了，徘徊不敢走进门，是孱头；勃然大怒，放一把火烧光，算是保存自己的清白，则是昏蛋。"先生没写"浑蛋"，而写"昏蛋"，头脑发昏就像那个"蛋"，这是比喻，不是骂人。"不过因为原是羡慕这宅子的旧主人的，而这回接受一切，欣欣然地蹩进卧室，大吸剩下的鸦片，那当然更是废物。""废物"也是比喻，至于像"废物"中的哪一种"物"，就由读者去想好了。先生的思想太深刻了，语言太形象、犀利了！他能一把撕破敌手伪装的面纱，揭露出敌手的本来面目，使其一览无余，光白于天下。如此手笔，敌手怎不心惊胆裂？

【板书】四、五　愤怒地揭露控诉

【生读】

六

时间永是流驶，街市依旧太平，有限的几个生命，在中国是不算什么的，至多，不过供无恶意的闲人以饭后的谈资，或者给有恶意的闲人作“流言”的种子。至于此外的深的意义，我总觉得很寥寥，因为这实在不过是徒手的请愿。人类的血战前行的历史，正如煤的形成，当时用大量的木材，结果却只是一小块，但请愿是不在其中的，更何况是徒手。

【思问】大家想一想，这几个生命，真的不算什么吗？

【讲授】“无恶意的闲人”是没有被唤醒的、愚弱的国民。离三月十八日还不到两个星期，大家怎么就忘了呢？鲁迅这时多生气呀！鲁迅痛心的不是民族的落后，而是其愚昧、麻木、不觉醒。“时间永是流驶，街市依旧太平，有限的几个生命，在中国是不算什么的……”语气表达平淡，实则心潮卷巨澜。鲁迅曾说过，没有一定阅历的人，大概看不懂他的文字。先生的作品像一座冰山，语言的躯体大多隐没在海里，露出的仅仅是一部分。读先生的文章我们要于无字句处读之，于无声处听惊雷。只有这样，才能真正听到先生的心声。否则，就不能真正理解先生。我们联想学过的鲁迅小说《祝福》，在祥林嫂死后，有这样一节文字："使无聊生者不生，即使厌见者不见。为人为己也还都不错。"意思是说：祥林嫂死了就死了吧，使没有生活依靠的人死去，让不愿见到她的人见不到她。这无论是对别人还是对自己，都是不错的事。这是愤激之辞，这就是"鲁迅"式的愤激！

【思问】鲁迅对"请愿"持什么态度？

【讲授】鲁迅认为，请愿只显示群众的意向和力量，实际效果极小。先生用"煤的形成"这一比喻形象地说明了请愿的价值意义，冷静客观，举重若轻。鲁迅是思想家，是清醒的现实主义者，但他首先是学问家。他的文字像古雅书斋中吹来的风，沐浴在夏天的日光中，炽烈里透着沉郁和苍冷。其知音只有瞿秋白、郁达夫等几个人。这个比喻蕴含着鲁迅的思想，也流露出先生的学问。在我心里，鲁迅首先是学问家。

【生读】

> 然而既然有了血痕了，当然不觉要扩大。至少，也当浸渍了亲族，师友，爱人的心，纵使时光流驶，洗成绯红，也会在微漠的悲哀中永存微笑的和蔼的旧影。陶潜说过，"亲戚或余悲，他人亦已歌，死去何所道，托体同山阿。"倘能如此，这也就够了。

【讲授】鲁迅在这里引用陶潜的诗，有青山埋忠骨之意，寄托了愿死者与青山同在的深挚感情。徒手请愿而流血不值得，但也会有影响。若后死者永远纪念死者，血就不会白流了。

【板书】六　深刻的历史总结

【生读】

七

我已经说过：我向来是不惮以最坏的恶意来推测中国人的。但这回却很有几点出于我的意外。一是当局者竟会这样地凶残，一是流言家竟至如此之下劣，一是中国的女性临难竟能如是之从容。

【讲授】竟会……凶残，竟至……下劣，竟能……从容，用语精当。

【生读】

我目睹中国女子的办事，是始于去年的，虽然是少数，但看那干练坚决，百折不回的气概，曾经屡次为之感叹。至于这一回在弹雨中互相救助，虽殒身不恤的事实，则更足为中国女子的勇毅，虽遭阴谋秘计，压抑至数千年，而终于没有消亡的明证了。倘要寻求这一次死伤者对于将来的意义，意义就在此罢。

【讲授】积累词语：殒身不恤、秘计。

这里有一个长单句：……事实……为……明证。“惨案”从结果上看，对历史的前行实际意义寥寥；但从过程上看，又证明了中国女性的伟大。先生是辩证的历史唯物主义者、成熟的思想战士。

【生读】

苟活者在淡红的血色中，会依稀看见微茫的希望；真的猛士，将更奋然而前行。

【讲授】“苟活者”指没有觉悟、没有行动起来的人们。“真的猛士”指革命者。此段歌颂中国女性的伟大，指出了烈士死难的意义。

【生读】

呜呼，我说不出话，但以此记念刘和珍君！

四月一日。

【讲授】呼应开头，以表痛悼敬意。情到深处语浅白。

【板书】七　死难的价值意义

【结语】1936 年 10 月 19 日，鲁迅病逝，22 日出殡，一面印有“民族魂”三个大字的旗帜，盖在先生灵柩之上。当鲁迅的心脏停止跳动的时候，他的好友郁达夫写下这样一段发人深省的文字：“没有伟大人物出现的民族，是世界上可怜的生物之群；有了伟大人物而不知拥护、爱戴、崇仰的国家，是没有希望的奴隶之邦。”让我们远离那些有脑汁没有血液的文字、有脂肪没有筋肉的文字、有皮囊没有骨骼的文字，远离那些有欲望没有灵魂的文字。

让我们走近鲁迅，读先生的书——

【基础知识】课课积累自见功

民族魂——鲁迅

鲁迅，原名周树人，字豫才，生于1881年，卒于1936年。中国现代伟大的文学家、思想家和革命家。1918年发表划时代的小说《狂人日记》，这是我国现代文学史上第一篇白话文小说。1923年出版的第一部短篇小说集《呐喊》为现代现实主义的新小说奠定了基石。中篇小说《阿Q正传》是我国现代文学史乃至世界文学史上最杰出的作品之一。《祝福》选自另一部小说集《彷徨》。其第三部小说集是《故事新编》。鲁迅撰写的《中国小说史略》打破了"中国小说自来无史"的现状，建立了中国小说史的体系。鲁迅逝世时，蔡元培撰写一副挽联：著述最谨严非徒中国小说史，遗言太沉痛莫作空头文学家。

由此可见，在蔡元培心目中，《中国小说史略》这部著作在鲁迅整个思想文化遗产中所占地位何等重要。鲁迅的杂文在现代文学史上占有突出的地位，收辑在《热风》《坟》《华盖集》《华盖集续编》《而已集》《三闲集》《二心集》《南腔北调集》《且介亭杂文》等杂文集中。

【正音】

寥（liáo）落　菲（fěi）薄　洗涤（dí）　桀骜（jié'ào）

赁（lìn）屋　黯（àn）然　噩（è）耗　不惮（dàn）
喋（dié）血　立仆（pū）　转辗（zhǎn）　屠戮（lù）
浸渍（zì）　长歌当（dàng）哭　殒（yǔn）身不恤

【释义】

徘徊：①在一个地方来回地走；②比喻犹豫不决。

正告：庄正严肃地告诉。

寥落：稀少；冷落。

长歌当哭：用写文章代替哭泣。长歌，引吭高歌，文中指写文章。当，当作。

菲薄：微薄。菲，微，少。

深味：深深地体会。

微漠：微茫，淡漠。

广有羽翼：到处都有帮凶。羽翼，鸟的翅膀，这里指帮凶。

桀骜：形容性情倔强，不肯服从。

赁屋：租赁房屋。赁，租。

旧观：旧时的景象。观，景象。

引退：旧时指官吏自请退职。文中是“告退”的意思。

黯然：阴暗的样子。文中指忧伤的样子。

喋血：流血满地。喋，血流出来的样子。

立仆：立刻倒下。仆，倒下。

沉勇：沉着而勇敢。

殒身不恤：牺牲生命也不顾惜。殒，死亡。恤，顾惜。

教与学课例 2：《在马克思墓前的讲话》（恩格斯）

【导语】公元 1883 年 3 月 17 日，伦敦海格特公墓。一群人聚集在一座新墓前，其中一个人开始念悼词。他说："当代最伟大的思想家停止思想了。……这位巨人逝世以后所形成的空白，不久就会使人感觉到。"后来，这篇悼词就成为了解和研究这位巨人的经典文献。现在，这篇悼词就摆在我们的面前——

【生读】

在马克思墓前的讲话

恩格斯

3 月 14 日下午两点三刻，当代最伟大的思想家停止思想了。让他一个人留在房里还不到两分钟，当我们进去的时候，便发现他在安乐椅上安静地睡着了——但已经永远地睡着了。

【思问】揣摩下面加点词语的意义和作用，体会其中的感情色彩。

【展示】3 月 14 日下午两点三刻，当代最伟大的思想家停止思想了。让他一个人留在房里还不到两分钟，当我们进去的时候，便发现他在安乐椅上安静地睡着了——但已经永远地睡着了。

【讲授】（讲课时以学生思考的先后为顺序）马克思是科学共产主义的创始人。马克思去世的这一时刻，是对人类历史产生重大影响的时刻，我们应该铭记。“停止思想了”是说马克思再也不能为人类贡献科学思想了，那对于我们该是多么重大的损失，这几个字中自然包含着作者的无限痛惜之情。马克思和恩格斯为无产阶级的解放事业并肩战斗近四十年。正如列宁所说，他们的革命友谊“超过了古人关于人类友谊的一切最动人的传说”（列宁《论马克思主义》）。最理想的情况是：在马克思去世时，恩格斯最好在身边陪伴。“还不到两分钟”表达了恩格斯深感遗憾的惋惜之情。“在安乐椅上安静地睡着了——但已经永远地睡着了”，不忍直接说出战友去世的事实，感情的抒发多么深沉、委婉、含蓄。这段文字流露出作者对马克思的无比崇敬的心情。

【思问】对于马克思的去世，从这段文字来看，恩格斯好像并没有表现出过大的情绪波动，这是为什么呢？

【展示】补充材料：真是晴天的霹雳，在南台（现福州市内）的宴会席上，忽而听到鲁迅的死！（郁达夫《怀鲁迅》）

【讲授】两相比较，恩格斯没有像郁达夫那样表现出强烈的震惊。其一，恩格斯当时的心情固然无比沉痛，但同时也感到某种安慰。不管怎样，马克思死时毕竟是安详的、毫无痛苦的。生命的意义不在生命的长短，而在于生命的价值。在恩格斯看来，这位伟大的天才像废人一样勉强活着比安然死去还要痛苦一千倍。这也能反映出恩格斯的彻底的唯物主义的生死观和他对革命战友马克思的深刻的认识和理解。其二，对于马克思的了解，最深刻的莫过于恩格斯；对于马克思的逝世，最悲痛的莫过于恩格斯。至爱无言，大悲希声。至情言语即无声，此时无声胜有声。

【板书】一　追述以往

【过渡】同学们思考下面两个问题：第二段该写什么了？这篇悼词有何独特之处？

【生读】

> 这个人的逝世，对于欧美战斗的无产阶级，对于历史科学，都是不可估量的损失。这位巨人逝世以后所形成的空白，不久就会使人感觉到。

【讲授】一般来说，下面要记叙死者的生平事迹。本文则不同，它是以议论为主，论述马克思逝世造成的重大损失，即概括揭示了其生前的伟大贡献。那损失不可估量，无法弥补。马克思具有无可企及的历史地位和作用，可谓前无古人，后无来者。

【板书】二　伟大贡献

【过渡】下面该具体介绍马克思的伟大事迹了。请同学们自读三、四、五自然段，总结概括马克思为人类做了哪些历史功绩。请一个同学将自己总结的内容写在黑板上，帮助老师完成板书——

【生读】

正像达尔文发现有机界的发展规律一样，马克思发现了人类历史的发展规律，即历来为繁芜丛杂的意识形态所掩盖着的一个简单事实：人们首先必须吃、喝、住、穿，然后才能从事政治、科学、艺术、宗教等等。所以，直接的物质的生活资料的生产，从而一个民族或一个时代的一定的经济发展阶段，便构成基础，人们的国家设施、法的观点、艺术以至宗教观念，就是从这个基础上发展起来的，因而，也必须由这个基础来解释，而不是像过去那样做得相反。

不仅如此。马克思还发现了现代资本主义生产方式和它所产生的资产阶级社会的特殊的运动规律。由于剩余价值的发现，这里就豁然开朗了，而先前无论资产阶级经济学家或社会主义批评家所做的一切研究都只是在黑暗中摸索。

一生中能有这样两个发现，该是很够了。即使只能作出一个这样的发现，也已经是幸福的了。但是马克思在他所研究的每一个领域，甚至在数学领域，都有独到的发现，这样的领域是很多的，而且其中任何一个领域他都不是浅尝辄止。

【学生板书】略

【讲授】第三段：马克思发现了人类历史的发展规律。第四段：马克思发现了剩余价值规律。第五段：马克思理论研究的广度和深度。这是马克思在革命理论上的伟大贡献，同达尔文一样，马克思关于人类历史规律的发现，具有划时代的意义。正本清源，肯定物质第一，意识第二，是人类历史观上的革命。这位天才的学者解决了是资本家养活工人，还是工人养活资本家这一本质问题，《资本论》成为全世界无产阶级的圣经。马克思理论研究之广、之深，令人惊叹！

【板书】三、四、五　革命理论

【生读】

他作为科学家就是这样。但是这在他身上远不是主要的。在马克思看来，科学是一种在历史上起推动作用的、革命的力量。任何一门理论科学中的每一个新发现——它的实际应用也许还根本无法预见——都使马克思感到衷心喜悦，而当他看到那种对工业、对一般历史发展立即产生革命性影响的发现的时候，他的喜悦就非同寻常了。例如，他曾经密切注视电学方面各种发现的进展情况，不久以前，他还密切注视马赛尔·德普勒的发现。

【思问】作为科学家，马克思身上表现出来的最主要的东西是什么？

【讲授】这一段阐述的是马克思的科学观。这里点明，作为科学家，有理论建树远不是马克思的主要成就。在马克思看来，科学是一种力量。马克思在给女儿劳拉的信中讲过一个寓言故事：船夫驾着小船，送一位哲学家到对岸。哲学家问："你懂得历史吗?"船夫说："不懂。"哲学家说："那你就失去了生命的一半!"哲学家又问："你研究过数学吗?"船夫说："没有。"哲学家说："那你就失去了一半以上的生命!"这时，大风把小船吹翻了，哲学家和船夫都落入水中，船夫喊道："你会游泳吗?"哲学家说："不会!"船夫说："那你就失去了整个生命。"（《马克思致劳拉·拉法格》，1882 年 4 月 13—14 日）马克思是想告诉自己的女儿：理论如果不能指导实践则是无用的理论。任何高明的理论都必须能解决实际问题，否则，就没有用，花瓶而已。马克思还说过："科学绝不是一种自私自利的享乐。有幸能够致力于科学研究的人，首先应该拿自己的学识为人类服务。"（保尔·拉法格《回忆马克思恩格斯》）这一段我们要理解马克思从事科学研究的目的。正如第七段中写道："因为马克思首先是一个革命家。""斗争是他的生命要素。"

【生读】

因为马克思首先是一个革命家。他毕生的真正使命，就是以这种或那种方式参加推翻资本主义社会及其所建立的国家设施的事业，参加现代无产阶级的解放事业，正是他第一次使现代无产阶级意识到自身的地位和需要，意识到自身解放的条件。斗争是他的生命要素。很少有人像他那样满腔热情、坚忍不拔和卓有成效地进行斗争。最早的《莱茵报》(1842 年)，巴黎的《前进报》(1844 年)，《德意志—布鲁塞尔报》(1847 年)，《新莱茵报》(1848—1849 年)，《纽约每日论坛报》(1852—1861 年)，以及许多富有战斗性的小册子，在巴黎、布鲁塞尔和伦敦各组织中的工作，最后，作为全部活动的顶峰，创立伟大的国际工人协会，——老实说，协会的这位创始人即使没有别的什么建树，单凭这一结果也可以自豪。

【思问】在我们的心目中，马克思是什么样的人？是思想家、哲学家，还是……？可恩格斯说马克思首先是革命家，这如何理解？

【讲授】恩格斯与马克思有着近四十年的革命友谊，恩格斯比我们更理解马克思，这是不容置疑的。结合第六段内容我们应该知道：马克思不是远离革命实践的书房里的学者，而是与革命斗争血肉相连的战场上的勇士，他的全部活动的顶峰是创立伟大的国际工人协会。马克思的墓志铭："历史上的哲学家总是千方百计地以各种各样的方式解释世界，然而，更重要的是改造世界。"这让我想起一个人来，就是我们的民族魂鲁迅先生。鲁迅也曾是热血青年，十九岁就写下了"寄意寒星荃不察，我以我血荐轩辕"(《自题小像》)的豪迈誓言。先生一生有六百多万字的著作，其中译作竟达三百多万字。他是为我们民族的崛起实实在在干事情的人。基于此，鲁迅才写出了像匕首、似投枪一样的杂文。至于先生创作的大量优秀的文学作品，只不过是他的斗争手段罢了。可惜世人把这些颠倒了，以为鲁迅是想成为伟大的作家。鲁迅同马克思一样，都是革命家的本色。

【板书】六、七　革命实践

【过渡】老实说，协会的这位创始人即使没有别的什么建树，单凭这一成果也可以自豪。正因为这样，所以马克思是当代最遭忌恨和最受诬蔑的人。

【生读】

正因为这样，所以马克思是当代最遭忌恨和最受诬蔑的人。各国政府——无论专制政府或共和政府，都驱逐他；资产者——无论保守派或极端民主派——都竞相诽谤他，诅咒他。他对这一切毫不在意，把它们当作蛛丝一样轻轻拂去，只是在万不得已时才给以回敬。现在他逝世了，在整个欧洲和美洲，从西伯利亚矿井到加利福尼亚，千百万革命战友无不对他表示尊敬、爱戴和悼念，而我敢大胆地说：他可能有过许多敌人，但未必有一个私敌。

【思问】本段运用了什么手法来论述其巨大而深远的革命影响？马克思为什么是当代最遭忌恨和最受诬蔑的人呢？

【讲授】本段运用了正反对比的手法，遭敌人反对，受战友爱戴，对比强烈。马克思做的是敢教日月换新天——改天换地的事业。“一个幽灵，共产主义的幽灵，在欧洲大陆徘徊。”“起来，饥寒交迫的奴隶！”“全世界无产者联合起来！”于是，在资产阶级面前，就森林般地站立起了他们的掘墓人。“无产者在这个革命中失去的只是锁链，他们获得的将是整个世界！”马克思为一切剥削阶级敲响了丧钟，他们不忌恨他才怪呢！

【思问】这段文字中有一个比喻，特别精彩，是哪一句？

【齐读】

他对这一切毫不在意，把它们当作蛛丝一样轻轻拂去，只是在万不得已时才给以回敬。

【讲授】运用比喻，生动、形象、具体地表现了伟大的革命导师非凡的气度和大无畏的气概。用我们具有中国特色的语言来说则是：“将军胸中可走马，宰相肚里能撑船。”有一部纪录片叫《二战警世录》，英国伦敦遭到轰炸，丘吉尔向美国求助，罗斯福总统明白唇亡齿寒、城门失火殃及池鱼的道理，可《租借法案》在国会就是通不过。罗斯福大事化小，打了一个绝妙的比喻：邻居着火了，向你借一根水管你都不给吗？那意思是说，如果我们作壁上观，法西斯的战火就会蔓延到美国本土。丘吉尔很有气魄，他说：把工具给我们准备好，活儿我们自己干。那意思是，打法西斯我们包了！是的，大人物往往举重若轻，而小人物常常举轻若重，这就是区别。

【思问】“我敢大胆地说：他可能有过许多敌人，但未必有一个私敌。”这句话表现了马克思怎样的胸怀？

【讲授】光明磊落、胸襟坦荡、心怀为公……说明马克思的敌人是整个无产阶级的敌人，是公敌，不是私敌！

【齐读】

他的英名和事业将永垂不朽！

【结语】马克思是全世界无产阶级的革命导师，本文是恩格斯给战友马克思写的悼词。这节课，我们不从思想政治的角度，而是从语文的角度来学习这篇经典演说。在思想内容方面，不是囿于某个语段，对马克思主义的科学理论、政治意义进行深入探究，而是通过领悟、品味其中深刻的思想和精彩的语言，把握作者思想感情的脉搏，来体会这篇悼词的思想性和文学性，进而了解马克思的伟大功绩及无可企及的历史地位和作用。悼词中那缜密的逻辑、高度的概括、准确的语言，值得品味，令人叹服。抛开本文的思想性，仅从文学的角度看，恩格斯是当之无愧的语言大师。艺术特色方面，我们要追踪作者谋篇行文的思路，掌握本文缜密的逻辑和严谨的结构。

请同学们看下列对各段的总结归纳——

【板书】一、追述以往

二、伟大贡献 { 革命理论（三、四、五）；革命实践（六、七） } 八、革命影响

九、永垂不朽

【基础知识】课课积累自见功（略）

教与学课例3：《林黛玉进贾府》（曹雪芹）

【导语】“开辟鸿蒙，谁为情种？都只为风月情浓。趁着这奈何天、伤怀日、寂寥时，试遣愚衷。因此上，演出这怀金悼玉的《红楼梦》。”这节课我们跟随林黛玉进贾府——

【生读】

且说黛玉自那日弃舟登岸时，便有荣国府打发了轿子并拉行李的车辆久候了。这林黛玉常听得母亲说过，他外祖母家与别家不同。他近日所见的这几个三等仆妇，吃穿用度，已是不凡了，何况今至其家。因此步步留心，时时在意，不肯轻易多说一句话，多行一步路，惟恐被人耻笑了他去。自上了轿，进入城中，从纱窗向外瞧了一瞧，其街市之繁华，人烟之阜盛，自与别处不同。又行了半日，忽见街北蹲着两个大石狮子，三间兽头大门，门前列坐着十来个华冠丽服之人。正门却不开，只有东西两角门有人出入。正门之上有一匾，匾上大书“敕造宁国府”五个大字。黛玉想道：这必是外祖之长房了。想着，又往西行，不多远，照样也是三间大门，方是荣国府了。

【思问】小说的三要素是什么？

【讲授】故事情节、人物形象和典型环境。我们采用“三要素”分析法来解读这篇小说。本课的故事情节很简单，就是林黛玉进贾府，因此，我们把教与学的重点放在典型环境和人物形象的塑造上。

【板书】典型环境（贾府）　人物形象

【讲授】我们先来看典型环境——贾府。在林黛玉眼中，“其街市之繁华，人烟之阜盛，自与别处不同。……忽见……两个大石狮子，三间兽头大门……匾上大书‘敕造宁国府’五个大字……也是三间大门，方是荣国府了。”在小黛玉心中，形成一个鲜明的印象：大！

【思问】一连用了五个“大”字，说明了什么？

【讲授】“大”，表明贾府具有宏伟的外观。这暗示出贾府具有很高的社会地位。我老家在河北遵化，那里有清代帝王的陵寝。“陵”的本义是大土山。一般人死了埋进地下，这埋葬之地叫坟或冢。埋葬帝王之地叫“陵”，表明帝王家的封土墓有大土山那么大，陵区甚广，那是富贵的象征。外观的宏伟，表明贾家是非同寻常的官宦人家：礼乐簪缨之族，钟鸣鼎食之家。

【板书】宏伟的外观

【生读】

……却不进正门，只进了西边角门。那轿夫抬进去，走了一射之地，将转弯时，便歇下退出去了。后面的婆子们已都下了轿，赶上前来。另换了三四个衣帽周全十七八岁的小厮上来，复抬起轿子。众婆子步下围随至一垂花门前落下。众小厮退出，众婆子上来打起轿帘，扶黛玉下轿。林黛玉扶着婆子的手，进了垂花门，两边是抄手游廊，当中是穿堂，当地放着一个紫檀架子大理石的大插屏。转过插屏，小小的三间厅，厅后就是后面的正房大院。正面五间上房，皆雕梁画栋，两边穿山游廊厢房，挂着各色鹦鹉、画眉等鸟雀。台矶之上，坐着几个穿红着绿的丫头，一见他们来了，便忙都笑迎上来，说："刚才老太太还念呢，可巧就来了。"于是三四人争着打起帘笼，一面听得人回话："林姑娘到了。"

【思问】林黛玉进贾府，去的第一个地方是哪里？

【讲授】贾母住处。长幼尊卑，礼法甚严，自然要去辈分最高的史老太君那里。"林黛玉扶着婆子的手，进了垂花门，两边是……当中是……转过插屏，小小的三间厅，厅后就是后面的正房大院。正面……两边穿山游廊厢房，挂着各色鹦鹉、画眉等鸟雀。"我们知道，建筑布局是社会秩序、人伦礼数的反映。我们尽管不懂建筑艺术，但通过这段介绍，也能体会到，这里的布局是非常讲究的。

【板书】讲究的布局

【过渡】接下来，我们来看第 8 自然段。

【生读】

一时黛玉进了荣府，下了车。众嬷嬷引着，便往东转弯，穿过一个东西的穿堂，向南大厅之后，仪门内大院落，上面五间大正房，两边厢房鹿顶耳房钻山，四通八达，轩昂壮丽，比贾母处不同。黛玉便知这方是正经正内室，一条大甬路，直接出大门的。进入堂屋中，抬头迎面先看见一个赤金九龙青地大匾，匾上写着斗大的三个大字，是“荣禧堂”，后有一行小字：“某年月日，书赐荣国公贾源”，又有“万几宸翰之宝”。大紫檀雕螭案上，设着三尺来高青绿古铜鼎，悬着待漏随朝墨龙大画，一边是金蜼彝，一边是玻璃盒。地下两溜十六张楠木交椅，又有一副对联，乃乌木联牌，镶着錾银的字迹，道是：

座上珠玑昭日月，堂前黼黻焕烟霞。

下面一行小字，道是：“同乡世教弟勋袭东安郡王穆莳拜手书。”

【讲授】黛玉进入堂屋中，看到了荣禧堂的陈设：御书金匾、紫檀雕螭案、青绿古铜鼎、墨龙大画、楠木交椅、乌木联牌，真乃非比寻常的官宦人家！这是贾政的客厅，富丽典雅，散发着浓浓的书卷气，陈设说明了主人的富贵荣华。要想走进知识分子的内心世界，就走进他的书房；要想知道官员的社会地位，就走进他的客厅。荣禧堂陈设华贵。

“座上珠玑昭日月，堂前黼黻焕烟霞。”座中人和堂上客的衣饰华贵：佩戴的珠玉如日月般光彩照人，衣服的图饰如烟霞般绚烂夺目。谈笑有鸿儒，往来无白丁。座中人及堂上客皆达官显贵。

【过渡】小说第一次展现典型环境——贾府：宏伟的外观，讲究的布局，华贵的陈设。第一次介绍贾府一大批主要人物，其中重点介绍的是王熙凤——

【生读】

> 一语未了，只听后院中有人笑声，说："我来迟了，不曾迎接远客！"黛玉纳罕道："这些人个个皆敛声屏气，恭肃严整如此，这来者系谁，这样放诞无礼？"

【思问】小说描写王熙凤的出场是极其精彩的一笔，具有什么特点？

【讲授】写出场，未见其人，先闻其声。采用了衬托的方法。流星之美饶有诗意，那是群星静穆的缘故。如果群星皆动，那流星的美也就消失了。诗有"万里云罗一雁飞""万顷江田一鹭飞"，都是"衬托"这种艺术手法的运用。这个张张狂狂的来者是谁？众姑娘皆敛声屏气，恭肃严整，更加反衬出王熙凤在贾府具有特殊的身份和地位。

【生读】

> ……心下想时，只见一群媳妇丫鬟围拥着一个人从后房门进来。这个人打扮与众姑娘不同，彩绣辉煌，恍若神妃仙子：头上戴着金丝八宝攒珠髻，绾着朝阳五凤挂珠钗；

项上带着赤金盘螭璎珞圈；裙边系着豆绿宫绦，双衡比目玫瑰佩；身上穿着缕金百蝶穿花大红洋缎窄裉袄，外罩五彩刻丝石青银鼠褂；下着翡翠撒花洋绉裙。一双丹凤三角眼，两弯柳叶吊梢眉，身量苗条，体格风骚，粉面含春威不露，丹唇未启笑先闻。

【讲授】一群媳妇丫鬟"围拥"着一个人进来，乃众星捧月也。众姑娘打扮一般，唯有她彩绣辉煌，宛如神妃仙子。这里用的依然是衬托的手法。接下来，做细致描绘。绘肖像：先描写王熙凤的佩饰服装。"头上戴着……，绾着……；项上带着……；裙边系着……；身上穿着……，外罩……，下着……"好一个雍容华贵的丽人形象！穿戴妖艳凌人，满头珠翠，环珮叮当。其热烈的色调，辉煌华艳的程度，折射出凤姐志得意满的心态，其"物带世情"又与处于鼎盛时期的贾府烈火烹油、鲜花着锦的气氛相协调。她如此的包装，是低品位的。因为服饰是一个人性格、志趣、情操、修养的折射。清代言妇女美在娇羞媚态，服饰"不贵精而贵洁，不贵丽而贵雅，不贵与家相称，而贵与貌相宜"。老舍也说过："真正美丽的人，是绝不多施脂粉、不乱穿衣服的。"作者揭示了这一角色风骚、庸俗的性情和空虚贪婪的灵魂。果戈理说："外形是理解人物的钥匙。"此言不虚。再描写容貌。丹凤眼、柳叶眉，原是很美的，而曹雪芹偏偏把美丽的丹凤眼配以三角，让秀气的柳叶眉高吊两梢，这就不尽美了。即使仍不失漂亮，却也已非温柔敦厚之相。麻衣相法：

“三角眼、吊梢眉”乃狡黠、狠毒、性巧、通变、邪淫之相。这一描写揭示了王熙凤“胭脂虎”的性格、为人，美丽的外表下包藏着一颗虚伪的灵魂：刁钻、狡黠、奸诈、冷酷、阴毒。表里不一，笑里藏刀。曹雪芹对其穷形尽相、精细入微的肖像描写，既继承了中国古典文学以白描擅长的传统，又发展了这一传统。这是一种近乎西方油画的色彩、笔法。脂砚斋评曰：“试问诸公，从来小说中可有写形追像至此者？”鲁迅也说：“自有《红楼梦》出来以后，传统的思想和写法都打破了。”

【生读】

……黛玉连忙起身接见。贾母笑道：“你不认得他。他是我们这里有名的一个泼皮破落户儿，南省俗谓作‘辣子’，你只叫他‘凤辣子’就是了。”黛玉正不知以何称呼，只见众姊妹都忙告诉他道：“这是琏嫂子。”黛玉虽不识，也曾听见母亲说过，大舅贾赦之子贾琏，娶的就是二舅母王氏之内侄女，自幼假充男儿教养的，学名王熙凤。黛玉忙陪笑见礼，以“嫂”呼之。这熙凤携着黛玉的手，上下细细打谅了一回，仍送至贾母身边坐下，因笑道：“天下真有这样标致的人物，我今儿才算见了！况且这通身的气派，竟不像老祖宗的外孙女儿，竟是个嫡亲的孙女，怨不得老祖宗天天口头心头一时不忘。只可怜我这妹妹这样命苦，怎么姑妈偏就去世了！”说着，便用帕拭泪。贾母笑道：“我才好了，你倒来招我。你妹妹远路才来，身子又弱，也才劝住了，快再休提前话。”这熙凤听了，忙转悲为喜道：“正是呢！我一见了妹妹，一心都在他身上了，又是喜欢，又是伤心，竟忘记了老祖宗。该打，该打！”又忙携黛玉之手，问：“妹妹几岁了？可也上过学？现吃什么药？在这里不要想家，想要什么吃的、什么玩的，只管告诉我；丫头老婆们不好了，也只管告诉我。”一面又问婆子们：“林姑娘的行李东西可搬进来了？带了几个人来？你们赶早打扫两间下房，让他们去歇歇。”

【讲授】通过贾母的戏谑介绍，我们知道王熙凤具有虚伪泼辣的特点。

【板书】王熙凤　虚伪泼辣

【思问】读此段，同学们要格外注意王熙凤见黛玉的言行举止。从中你能看出凤姐是一个怎样的人？

【讲授】王熙凤携黛玉的手，上下细细打量，那赞美黛玉的话语，句句为贾母而发，抽帕拭泪，转悲为喜，处处为贾母而做，其权谋机变，见风使舵，令人称叹。这里通过言行举止入木三分地描绘了她善于察言观色、机变逢迎的本领，揭示了她得宠的原因。

【板书】机变逢迎

【思问】“忙”转悲为喜道……又“忙”携黛玉之手，连发三问，两次说“只管告诉我”，表现出凤姐是一个怎样的人？

【讲授】在这个场合中，王熙凤是最活跃的人，是“大忙人”。她富有心机，只一味询问，不给黛玉作答的机会，其目的只在于显示自己，显示她是贾府中的实际掌权人。两次说“只管告诉我”，更是直露无余。曹公笔法高超，可见一斑。

【生读】

> 说话时，已摆了茶果上来。熙凤亲为捧茶捧果。又见二舅母问他：“月钱放过了不曾?”熙凤道：“月钱已放完了。才刚带着人到后楼上找缎子，找了这半日，也并没有见昨日太太说的那样的，想是太太记错了?”王夫人道：“有没有，什么要紧。”因又说道：“该随手拿出两个来给你这妹妹去裁衣裳的，等晚上想着叫人再去拿罢，可别忘了。”熙凤道：“这倒是我先料着了，知道妹妹不过这两日到的，我已预备下了，等太太回去过了目好送来。”王夫人一笑，点头不语。

【讲授】凤姐回王夫人：“月钱已放完了”，“这倒是我先料着了”，“我已预备下了”。可见凤姐办事滴水不漏，八面玲珑。这位荣国府中庶务大权独揽者的机敏与才干，在这里已崭露头角。有先见之明，举止干练，深得王夫人欢心。

【板书】精明能干

【过渡】对于人物形象——王熙凤的分析，到此结束。下面我们看宝黛初会——

【生读】

且说黛玉自那日弃舟登岸时，便有荣国府打发了轿子并拉行李的车辆久候了。这林黛玉常听得母亲说过，他外祖母家与别家不同。他近日所见的这几个三等仆妇，吃穿用度，已是不凡了，何况今至其家。因此步步留心，时时在意，不肯轻易多说一句话，多行一步路，惟恐被人耻笑了他去。

【思问】步步留心，时时在意，表现了黛玉怎样的性格特点？

【讲授】林黛玉自尊谨慎。

【过渡】请同学们默读第七自然段。思考：黛玉回复邢夫人吃饭，表现了小黛玉怎样的特点？

【讲授】邢夫人苦留吃晚饭，黛玉答话既表达了尊敬感激之情，又表明了顾全大局之礼。年仅十二三岁的小黛玉多么会艺术地说话，而我们要从中学习她说话的艺术。细节一：娴于辞令。

【过渡】请同学们默读第九、十自然段。思考：黛玉入座这两个细节，表现了黛玉怎样的特点？

【讲授】“老嬷嬷们让黛玉炕上坐，炕沿上却有两个锦褥对设，黛玉度其位次，便不上炕，只向东边椅子上坐了。”“黛玉心中料定这是贾政之位。因见挨炕一溜三张椅子上，也搭着半旧的弹墨椅袱，黛玉便向椅上坐了。”林黛玉进贾府步步留心，时时在意。细节二：眼明心细。

【过渡】请同学们默读第十二自然段。思考：贾母问黛玉念何书，黛玉是如何回答的？对答可得体？

【讲授】黛玉道："只刚念了《四书》。"黛玉又问姊妹们读何书。贾母道："读的是什么书，不过是认得两个字，不是睁眼的瞎子罢了！"从祖孙问答中可以看出，贾母的思想观念是女子无才便是德，黛玉感觉到自己的答话不甚得体，似有显示之嫌，她不应该超过贾氏三姊妹。且看宝玉问她"妹妹可曾读书"时她怎样对答。

为了更好地理解小说内容，我们给大家介绍两个与课文内容密切相关的故事：

女娲补天

在很久很久以前，却说那娲皇氏炼石补天之时，于大荒山无稽崖炼就高经 12 丈，方经 24 丈的顽石 36 501 块，娲皇氏只用了 36 500 块，只单单剩了一块未用，便弃在此山青埂峰下。

一日，一僧一道说说笑笑来至峰下，坐于石边高谈阔论。先是说些云山雾海神仙玄幻之事，后便说到人间的荣华富贵。此石听了不觉打动凡心，便恳求二仙师携其入世，在那富贵场中、温柔乡里受享几年。二仙师笑道："那红尘中却有些乐事，但不能永远依恃，况又有'美中不足，好事多磨'八个字紧相连属，瞬息间便乐极生悲、人非物换，究竟是到头一梦、万境归空。倒不如不去的好。”这顽石凡心已炽，哪里听得进这话去，乃复再三苦求。二仙师知不可强制，那僧便念咒书符，大展幻术，将一块大石变成一块鲜明晶莹的美玉。随后便袖了这石，同那道人飘然而去，竟不知投奔何方何舍。

后来，也不知过了几世几劫，贾政的夫人王氏第三胎生了一位公子，一落胎胞，嘴里便衔下一块五彩晶莹的玉来，上面还有许多字迹。这就是那块无材补天的顽石变成的“通灵宝玉”，这孩子也就因此取名叫宝玉。世人都说这孩子来历不小，因而贾母便爱如珍宝。那年周岁时，贾政便要试他将来的志向，便将那世上所有之物摆了无数，与他抓去。谁知他一概不取，伸手只把那脂粉钗环抓来。贾政便大怒了，说道：“将来酒色之徒耳。”因此便大不喜悦。独那史老太君还是命根一样。

“通灵宝玉”就是大荒山中青埂峰下那块顽石的幻相，后人有诗嘲云：

女娲炼石已荒唐，又向荒唐演大荒。
失去幽灵真境界，幻来亲就臭皮囊。
好知运败金无彩，堪叹时乖玉不光。
白骨如山忘姓氏，无非公子与红妆。

这就是贾宝玉随身佩戴的那块宝玉的来历。

通灵宝玉对贾宝玉的叛逆性格有隐喻作用：一方面，

暗示他无补天之才，是个不符合统治阶级要求的“蠢物”；另一方面，暗示他与封建主义相对立的思想性格，具有与从天而降的顽石一样的顽劣性，难以为世俗所改变。

木石前盟

话说这块顽石在投胎入世之前，曾变为赤霞宫的神瑛侍者。在西方灵河岸上三生石畔，有绛珠仙草一株。这神瑛侍者日以甘露灌溉，这绛珠仙草始得久延岁月。后既受天地精华，复得雨露滋养，遂脱却草胎木质，得换人形，仅修成个女体。她为了酬报灌溉之德，愿同神瑛侍者来世走一遭，并说：“他有甘露之惠，我并无此水可还，他既下世为人，我也下世为人，但我把一生所有的泪还他，也算偿还得过他了。”这绛珠仙草便是林黛玉的前身，神瑛侍者便是贾宝玉的前身。他有甘露惠，我有泪堪还，这就是所谓“还泪之说”。正因为有这段前缘，宝黛初会时，双方才都有似曾相识之感。黛玉在见宝玉时，一见便吃一大惊，心下想道：“好生奇怪，倒像在那里见过一般，何等眼熟到如此！”宝玉看罢黛玉，也笑道：“这个妹妹我曾见过的。”正所谓“心有灵犀一点通”。恰因为有前世因缘，宝玉才念念不忘旧情，正如《红楼梦·终身误》中所唱：

［终身误］都道是金玉良姻，俺只念木石前盟。空对着，山中高士晶莹雪；终不忘，世外仙姝寂寞林。叹人间，美中不足今方信。纵然是齐眉举案，到底意难平。

林黛玉也是情意有所郁结，然而，也只有空叹息——

［枉凝眉］一个是阆苑仙葩，一个是美玉无瑕。若说没奇缘，今生偏又遇着他；若说有奇缘，如何心事终虚化？一个枉自嗟呀，一个空劳牵挂。一个是水中月，一个是镜中花。想眼中能有多少泪珠儿，怎经得秋流到冬尽，春流到夏！

世上有情人多有山盟海誓愿，却少有天长地久缘。终归是：玉带林中挂，金簪雪里埋。以钗、黛为首的金陵十二钗大都是悲剧命运，恰便是：三春去后诸芳尽，各自须寻各自门。

［收尾·飞鸟各投林］为官的，家业凋零；富贵的，金银散尽；有恩的，死里逃生；无情的，分明报应。欠命的，命已还；欠泪的，泪已尽。冤冤相报实非轻，分离聚合皆前定。欲知命短问前生，老来富贵也真侥幸。看破的，遁入空门；痴迷的，枉送了性命。好一似食尽鸟投林，落了片白茫茫大地真干净！

——到头一梦，万境归空。

我不由得想起这样几句诗："昔人已乘黄鹤去，此地空余黄鹤楼。黄鹤一去不复返，白云千载空悠悠。""青山依旧在，几度夕阳红。……古今多少事，都付笑谈中。"有过多少时光流逝，如江水东流，有过多少世人在醒中梦，梦中醒。到头来，多少风流韵事，不过红楼一梦。

下面我们继续看宝黛初会——

【生读】

一语未了，只听外面一阵脚步响，丫鬟进来笑道："宝玉来了！"黛玉心中正疑惑着："这个宝玉，不知是怎生个惫懒人物，懵懂顽童？"——倒不见那蠢物也罢了。心中想着，忽见丫鬟话未报完，已进来了一位年轻的公子：头上戴着束发嵌宝紫金冠，齐眉勒着二龙抢珠金抹额；穿一件二色金百蝶穿花大红箭袖，束着五彩丝攒花结长穗宫绦，外罩石青起花八团倭缎排穗褂；登着青缎粉底小朝靴。面若中秋之月，色如春晓之花，鬓若刀裁，眉如墨画，面如桃瓣，目若秋波。虽怒时而若笑，即瞋视而有情。项上金螭璎珞，又有一根五色丝绦，系着一块美玉。黛玉一见，便吃一大惊，心下想道："好生奇怪，倒像在那里见过一般，何等眼熟到如此！"只见这宝玉向贾母请了安，贾母便命："去见你娘来。"宝玉即转身去了。一时回来，再看，已换了冠带：头上周围一转的短发，都结成小辫，红丝结束，共攒至顶中胎发，总编一根大辫，黑亮如漆，从顶至梢，一串四颗大珠，用金八宝坠角；身上穿着银红撒花半旧大袄，仍旧带着项圈、宝玉、寄名锁、护身符等物；下面半露松花撒花绫裤腿，锦边弹墨袜，厚底大红鞋。越显得面如敷粉，唇若施脂；转盼多情，语言常笑。天然一段风骚，全在眉梢；平生万种情思，悉堆眼角。看其外貌最是极好，却难知其底细。

【思问】王夫人特意介绍宝玉，说“我”有一个孽根祸胎，是家里的“混世魔王”。那么，宝黛初会，黛玉眼中的宝玉是怎样一个形象？

【讲授】贾宝玉出场后的肖像描写，与王熙凤相类，都详细描绘了服饰和容貌。这是从黛玉眼中写宝玉，“物带世情”，贵公子装束。在黛玉眼中，宝玉是一位英俊潇洒、善良多情的年轻公子。

【板书】贾宝玉　英俊潇洒　善良多情

【生读】

……后人有《西江月》二词，批宝玉极恰，其词曰：

无故寻愁觅恨，有时似傻如狂。纵然生得好皮囊，腹内原来草莽。潦倒不通世务，愚顽怕读文章。行为偏僻性乖张，那管世人诽谤！

富贵不知乐业，贫穷难耐凄凉。可怜辜负好韶光，于国于家无望。天下无能第一，古今不肖无双。寄言纨袴与膏粱：莫效此儿形状！

【讲授】文中《西江月》二词，用似贬实褒、寓褒于贬的手法，揭示了贾宝玉的性格特点。他独立不羁，追求个性解放，厌弃仕途经济。这表面上是用世俗的观念对宝玉进行否定批判，实则是对其叛逆性格的肯定歌颂。他蔑视功名利禄，是这个封建家庭的叛逆者。

假作真时真亦假。贾敬、贾赦、贾政、贾敏，都有一个偏旁反“文”，暗示着《红楼梦》中有些笔法是正文反作，阅读时需谨慎参悟。

“富贵不知乐业，贫穷难耐凄凉。可怜辜负好韶光，于国于家无望。”思一思来想一想，你是否和宝玉一个样？

【板书】蔑视功名

【生读】

> 贾母因笑道：“外客未见，就脱了衣裳，还不去见你妹妹！”宝玉早已看见多了一个姊妹，便料定是林姑妈之女，忙来作揖。厮见毕归坐，细看形容，与众各别：两弯似蹙非蹙罥烟眉，一双似喜非喜含情目。态生两靥之愁，娇袭一身之病。泪光点点，娇喘微微。闲静时如姣花照水，行动处似弱柳扶风。心较比干多一窍，病如西子胜三分。宝玉看罢，因笑道：“这个妹妹我曾见过的。”贾母笑道：“可又是胡说，你又何曾见过他？”宝玉笑道：“虽然未曾见过他，然我看着面善，心里就算是旧相识，今日只作远别重逢，亦未为不可。”贾母笑道：“更好，更好，若如此，更相和睦了。”宝玉便走近黛玉身边坐下，又细细打谅一番，因问：“妹妹可曾读书？”黛玉道：“不曾读，只上了一年学，些须认得几个字。”

【思问】若给王熙凤和林黛玉画像，你认为，画谁较容易？

为什么？

【讲授】两者比较，画王熙凤较容易。首先，因为小说对王熙凤的肖像描写，无论是服饰还是容貌都描摹得具体细致，如"身上穿着缕金百蝶穿花大红洋缎窄裉袄"，你看，装饰、图案、颜色、面料、款式，介绍详细，画起来容易操作。而小说中对林黛玉的肖像描写，"虚多实少，绝去形摹"。抓住最生动的气韵神情，对其穿戴竟一字未提及，可见作者独运匠心。黛玉是集中国三千年文化于一身的理想化身。她的美不仅在貌，更在精神气质——书卷气、灵秀气、孤傲气。她有的是才，而绝少世俗上所谓的德。她是才女，绝非淑女。显其神而略其形，正是为免落窠臼，使这一形象更加美好、理想、浪漫而富有魅力。谁说"意态由来画不成"呢？其次，也是情理的需要。脂砚斋评："不写衣裙妆饰，正是宝玉眼中不屑之物，故不曾见。黛玉之举止容貌，亦是宝玉眼中看、心中评。若不是宝玉，断不能知黛玉是何等品貌。"最后，作者虚笔写意，突出其才情女子超凡脱俗的空灵感。在宝玉眼中心中，"两弯似蹙非蹙罥烟眉，一双似喜非喜含情目"，黛玉美貌多情；"态生两靥之愁，娇袭一身之病。泪光点点，娇喘微微。闲静时如姣花照水，行动处似弱柳扶风"，黛玉体弱多病；"心较比干多一窍，病如西子胜三分"，黛玉聪慧灵秀。

【板书】黛玉　美貌多情　体弱多病　聪慧灵秀

【思问】宝黛初会，二人的表现对调一下，可否？

【讲授】万万不可。黛玉见宝玉，写一惊，存于内，心下想道："好生奇怪，倒像在那里见过一般，何等眼熟到如此！"宝玉见黛玉，写一笑，发于外，言于声："这个妹妹我曾见过的。"曹公这样安排，符合二人的性格、地位。宝黛初会，二人均感似曾相识，与木石前盟相照应。此乃心电感应，为宝黛爱情发展做了铺垫。小说环环相扣，文脉连绵。格局不紊，细节不亏，实大家手笔！

【思问】回溯前文，关于读何书，黛玉对宝玉的回答，与对贾母的答话，有何不同？表现出黛玉什么特点？

【讲授】黛玉回宝玉道："不曾读，只上了一年学，些须认得几个字。"适时弥补了方才回贾母时对答的疏漏，真可谓心思细密。细节三：才高思深。

【生读】

……宝玉又道："妹妹尊名是那两个字？"黛玉便说了名。宝玉又问表字。黛玉道："无字。"宝玉笑道："我送妹妹一妙字，莫若'颦颦'二字极妙。"探春便问何出。宝玉道："《古今人物通考》上说：'西方有石名黛，可代画眉之墨。'况这林妹妹眉尖若蹙，用取这两个字，岂不两妙！"探春笑道："只恐又是你的杜撰。"宝玉笑道："除《四书》外，杜撰的太多，偏只我是杜撰不成？"又问黛玉："可也有玉没有？"众人不解其语，黛玉便忖度着因他有玉，故问我有也无，因答道："我没有那个。想来那玉是一件罕物，岂能人人有的。”宝玉听了，登时发作起痴狂病来，摘下那玉，就狠命摔去，骂道：“什么罕物，连人之高低不择，还说‘通灵’不‘通灵’呢！我也不要这劳什子了！”吓的众人一拥争去拾玉。贾母急的搂了宝玉道：“孽障！你生气，要打骂人容易，何苦摔那命根子！”宝玉满面泪痕泣道：“家里姐姐妹妹都没有，单我有，我说没趣；如今来了这么一个神仙似的妹妹也没有，可知这不是个好东西。”贾母忙哄他道：“你这妹妹原有这个来的，因你姑妈去世时，舍不得你妹妹，无法处，遂将他的玉带了去了：一则全殉葬之礼，尽你妹妹之孝心；二则你姑妈之灵，亦可权作见了女儿之意。因此他只说没有这个，不便自己夸张之意。你如今怎比得他？还不好生慎重戴上，仔细你娘知道了。”说着，便向丫鬟手中接来，亲与他戴上。宝玉听如此说，想一想大有情理，也就不生别论了。

【思问】宝玉笑道：“除《四书》外，杜撰的太多，偏只我是杜撰不成?”表现了宝玉怎样的特点?

【讲授】宝玉对宣传封建正统的古典书籍否定颇多，表现出他具有反传统的性格，具有一定的叛逆精神。

【思问】你怎样理解“宝玉摔玉”这一行为?

【讲授】宝玉摔玉是其行为偏僻性乖张的具体表现，是抵御世俗观念的叛逆性格的具体表现。“玉”是天命的象征，与“女娲补天”相应。宝玉摔玉正表现出他对天命的反抗，对世俗的鄙弃，对礼教的蔑视。这一情节是这一回的高潮。《红楼梦》是一部人书，可以说，带有自己心理的整个复杂性的人，真实的平常的人，在中国文学史上，是在曹雪芹天才的笔下才充分地表现出来的。宝玉的“痴”“呆”“傻”，可以说是贾宝玉的可笑之处，但正是这可笑之处，却也充分地表现了贾宝玉的可爱之处。鲁迅认为，《红楼梦》的美学价值在于打破了“好人完全是好，坏人完全是坏”的传统格局，突破了“恶则无往不恶，美则无往不美”的传统手法。

【结语】曹雪芹在这些人物身上，寄寓了真挚深沉的情感。他一方面欣赏他们的人品、才情，另一方面又为他们的悲剧命运而痛惜。在欣赏之余，字里行间又流露出深深的同情和因贾府衰败命运无可挽回而产生的悲哀。贾府富丽典雅，穷奢极欲，又出现蠹虫和叛逆。五世而斩，大厦将倾，无力补天。这是一曲哀叹封建末世的挽歌！

【基础知识】课课积累自见功（略）

【名著导读】中学生如何阅读经典名著《红楼梦》？

（1）以课本“名著导读”为纲，把握整部作品。

（2）精读《红楼梦》第一回至第五回，前五回是全书的总纲。

（3）阅读摘抄重要章节、精彩细节，其余可略读。

（4）借助《判词》《红楼梦曲》把握主要人物形象。

（5）进行文学积累，《红楼梦》诗、词、曲、联，背诵以致用。

【大结】语体文教与学，我只选了三篇课文，即鲁迅的散文《记念刘和珍君》、恩格斯的《在马克思墓前的讲话》、曹雪芹小说片段《林黛玉进贾府》。这三篇教学笔记，是“四文一体”教学法的具体课例。目的在激发学习兴趣，积累基础知识，阅读写作并进，提高语文素养。师生共进，教学相长，假以时日，我们的语体文阅读能力自会提升。

第三讲

文言文教与学

【导语】文言是在古代汉语口语的基础上，经过加工提炼而形成的以简练、典雅为特点的书面语言。用文言写的文章叫文言文。如何学习文言文，请听我一一道来——

如何学习文言文

【思问】我们早已进入白话文时代了，为什么还要学习文言文呢？

【讲授】这是一个问题，一个必须知道且需深度理解的问题。第一，是为了批判继承祖国丰富灿烂的传统文化，弘扬民族精神。我国绝大多数的古代文化典籍是用文言写的，不学文言，就不能全面知解民族文化的博大精深，就不能具有深厚的知识底蕴、文化功底和文学修养。腹有诗书气自华，“诗书”指的就是古代诗文。第二，是为了更好地掌握现代汉语，准确而熟练地运用语言文字这个工具。学了文言，就了解了古今汉语的继承和发展的关系，学习古人语言中有生命的东西，学习古人遣词造句、立意谋篇的宝贵经验，从而更好地掌握现代汉语。

文言文是源，且源远；白话文是流，且流短。我们要开源固本，古为今用。再从应试角度看，古诗文阅读能力，一直是教与学的重点难点，谁能突破，谁就可能得高分。而文言知识能力，直接影响着基础知识、现代文阅读能力，不可轻视文言文的学习。

【思问】学习文言，该怎样做呢？

【板书】一、背诵一定数量的优秀的文言文段落或篇章

【讲授】语文学习是讲求功底的，文言文学习更注重基础，毛羽不丰满岂能高飞？文言也是一种语言，是我们老祖宗的书面语言。学英语，背单词，是基本的、最重要的方法。大凡语言都是相通的，要想学好，都要以词汇量为基础。同学们在小学没学几篇文言文，到了中学就要树立学好文言的目标，下大力气，多读多背，打牢基础。我的要求是：课本中明确要求背诵的文段，一定要倒背如流；没有规定必须背诵的，也要掌握到说上句能接下句的程度。凡进入课本的文言文，都是典范，最好都能熟读成诵。谁能将中学课本中的文言文篇目全部背诵，谁的文言文基础就坚实，谁的古诗文阅读能力就强。这是我在几十年的教学实践中获得的结论。

读得多了，背得多了，自然形成语感，阅读能力会潜滋暗长。

【板书】二、掌握一定数量的文言实词和常见的文言虚词

【过渡】我们先讲学习文言实词应注意的几点。

【板书】（一）文言实词

1. 注意一词多义现象

【讲授】一词多义，即一个词具有多种含义，乃至属于不同

的词类。这种现象，在现代汉语中常见，在文言文中尤为普遍。就以笔画最少的“一”字为例，常用义就有六七个。

一人、一桌　（《口技》，数目）

古今一也　（《察今》，相同）

六王毕，四海一　（《阿房宫赋》，统一）

用心一也　（《劝学》，专一）

上下天光，一碧万顷　（《岳阳楼记》，满、全）

一至此乎　（《史记·滑稽列传》，竟、乃）

如果不了解“一”的各个义项，将上述各句的“一”都用“一个”或“一次”来解释，岂不要闹出笑话？

如何尽可能多地掌握各个词的多种义项呢？

第一，依靠不断积累和整理。知识从实践中来，你能付出辛勤的劳动，定能收到良好的效果，课本中每篇文言文都会出现一些较典型的实词，少则三四个，多则七八个，可参看《常见文言实词120个》（附后），举出同一实词而不同含义的例句，分别解释。如果能认真落实这个要求，养成整理积累的习惯，则其利大矣。词义积累多了，阅读文言文时遇到这个或那个实词，就可以从脑中储存的词汇中提取出来，根据上下文文意，确定应选用哪一义项。特别建议：准备一个词语本，将阅读中遇到的常用实词的义项摘录下来，抄上例句。一学期结束，全面整理一番。中学几年下来，对阅读文言文必将大有裨益。当然，有时也可通过查字（词）典来解决。

第二，需要适当了解词的本义、引申义、比喻义、假借义的知识。本义是最初造字时表示的意义；引申义是由本义引申出来的意义；比喻义是用比喻的方法形成新的词义；假借义是借用另外一个同音的词的意义。举例如下：

畔——本义是田界，所以形旁从田（“半”是声旁）。田界是在田的边上，所以表示“旁边”的意思也叫畔，如河畔、桥畔、枕畔，这是“畔”的引申义。“畔”和“叛”同音，所以“畔”又借用为背叛的意思，如“寡助之至，亲戚畔之”（《孟子·公孙丑下》），这是“畔”的假借义。

爪牙——本义是指鸟兽用以自卫和谋生的爪子和牙齿，《劝学》中“蚓无爪牙之利”，就是用本义。后来，有些诗文又用它来比喻得力的帮手和武士（取爪牙有力地护卫躯体之义），如《诗经·祈父》：“祈父，予王之爪牙。”同样的比喻用得久了、多了，该词就获得了新的词义，不再是临时的比喻手法了。不过，当时“爪牙”两字表褒义，现在转化为贬义了。

引——本义为拉开弓。“君子引而不发”（《孟子·尽心上》）的“引”，用的是本义。下面是由本义引申出来的许多义，但和本义有关。①伸长、延长，如“引领西望”（《左传·成公十三年》）。②引退、躲避，如“引蔽驴右”（《中山狼传》）。③拉、牵、挽，如“左右或欲引相如去”（《廉颇蔺相如列传》）。④掉转（②③义结合形成新义），如“相如引车避匿”（《廉颇蔺相如列传》）。⑤延引、延请，如“引赵使者蔺相如”（《廉颇蔺相如列传》)。⑥引导、导引，如“引河水灌民田”(《西门豹治邺》)。⑦率领、带领，如“项王乃复引兵而东”(《项羽之死》)。⑧招引、导致，如“抛砖引玉”。⑨连续、继续，如“属引凄异”(《三峡》)。⑩举、取，如“妻乃引刀趋机而言曰”(《乐羊子妻》)。⑪引用、称引，如“引喻失义”(《出师表》)。⑫引言、序，如“恭疏短引”(《滕王阁序》)。

在这里，我着重讲辨别本义的方法。一般是通过分析字形来辨别本义。文言文里的单音词就是一个字，汉字是属于表意体系的文字，字形和字义之间大都有密切的联系。汉字的造字法，主要是象形、指事、会意、形声四种，其中以形声字为最多，占汉字总数的百分之九十以上。因此，通过分析字形来辨别本义，特别是通过分析形声字的形旁来认识字的本义，是一种可行的方法。尽管由于字形的演变，有些字已经不容易从字形上判别造字时的本义，但是大多数字还是可以从字形上作些分析的。此外，还有一个最简单的办法，那就是查字(词)典。《辞源》里的字，它的第一个义项通常是本义；其他的古汉语字(词)典，一般也是这样。掌握辨别本义的方法益处颇多，可记忆字形，可推知词义。同时，抓住本义以后，就不难理解它的引申义和比喻义了。

【板书】2. 注意词类活用现象

【讲授】文言文中的某些实词，可以在一定的语言环境中临时改变词性和用法，使词的意义发生一定的变化，这种现象叫作词类活用。教材中的分类情况如下：

一、动词、形容词、名词的使动用法

二、形容词、名词的意动用法

三、名词用作动词

四、名词用作状语

五、其他：1. 动词用作名词；2. 形容词用作名词；3. 形容词用作动词；4. 数词用作动词

以上内容可参看课本。可由于在词类活用中，名词、动词、形容词的活用比较普遍，因此，下面我从词性这一角度，进行分类讲解，帮助同学们理解记忆。

名词的活用

第一，活用为一般动词。

名词活用作动词后，意义仍和这个名词的意义密切相关，只是动作化罢了。如“范增数目项王”（《鸿门宴》）的“目”是“使眼色”。

第二，活用为使动。

其特点是必带宾语，表示使宾语成为某种人或事物。如“先破秦入咸阳者王之”（《鸿门宴》）的“王”是“使……为王”。

第三，活用为意动。

其特点也是必带宾语，表示把宾语当作某种人或事物。如“吾从而师之”（《师说》）的“师”是“把……当作老师”。

第四，直接作状语。

在文言中，名词作状语，直接修饰、限制动词谓语。

（1）表示动作、行为的特征、状态。

项伯亦拔剑起舞，常以身翼蔽沛公。（翼：像鸟张着翅膀那样）（《鸿门宴》）

（2）表示动作、行为的方式。

群臣吏民能面刺寡人之过者。（面：当面）（《邹忌讽齐王纳谏》）

（3）表示动作、行为所凭借的工具。

叩石垦壤，箕畚运于渤海之尾。（箕畚：用箕畚）（《愚公移山》）

（4）表示动作、行为的处所、时间。

卒廷见相如。（廷：在朝廷上）（《廉颇蔺相如列传》）

秦兵旦暮渡易水。（旦暮：在早上、晚上）（《荆轲刺秦王》）

（5）表示动作、行为的趋向。

东割膏腴之地，北收要害之郡。（东：向东；北：向北）（《过秦论》）

动词的活用

第一，活用为名词。

即这个动词在句子中，具有明显的表示人与事物的意义，它一般处在句中主语或宾语的位置上。如：盖其又深，则其至又加少矣。（至：到的人）（《游褒禅山记》）

第二，使动用法。

表示使宾语产生某种动作、行为。一般来说，凡是不及物动词带宾语的，多属使动用法。如：项伯杀人，臣活之。

（活：使……活）（《鸿门宴》）

第三，为动用法。

表示为宾语产生某种动作、行为。如：既泣之三日，乃誓疗之。（泣：为……哭泣）（《病梅馆记》）

形容词的活用

第一，活用为名词。

用作名词的形容词，在句中表示具有这一性质状态的人或物，一般处在主语或宾语位置上。翻译时一般要补出中心词（名词），而以这个形容词作定语。如：四美具，二难并。（美：美好的事物；难：难得的贤主嘉宾）（《滕王阁序》）

第二，活用为一般动词。

形容词是不带宾语的，如果带了宾语，而又没有使动、意动的意味，就是用作一般动词。如：（项伯）素善留侯张良。（善：与……交好）（《鸿门宴》）

第三，使动用法。

表示使宾语具有某种性质、状态。如：足以荣汝身。（荣：使……荣耀）（《孔雀东南飞》）

第四，意动用法。

表示认为宾语具有某种性质、状态。如：且庸人尚羞之。（羞：把……当作羞耻）（《廉颇蔺相如列传》）

在词类活用中，名词、动词、形容词的活用比较普遍。此外，数词有时也可活用为动词，如“二三其德”（《诗经·氓》）

中的“二三”都是数词，这里带了宾语，解作“使其德二三”，即不专一，活用为动词。

【板书】3. 注意古今异义现象

【讲授】在古今词义的变化中，至关重要，不能掉以轻心的是那些字形相同而意义用法已经有所改变的词，尤其是差别细微、容易被忽略的词。概括起来，大致有如下情况：

（1）词义的扩大。如“是女子不好……得更求好女”（《西门豹治邺》）的“好”，专指女子相貌好看，不涉及品德。而现在可泛指一切美好的性质，对人、事、物都可以修饰限制。

（2）词义的缩小。如“让”字，文言文中既可表辞让、谦让之义，又可表责备之义，现在只用前一意义。“使者大喜，如惠语以让单于”（《苏武传》）的“让”字，是责备的意思。

（3）词义的转移。如“偷”字的古义是苟且、马虎、刻薄、不厚道，后来转移为偷窃。“去”字的古义是离开（某地）、距离，后来转移为到某地去（正好相反）。

（4）感情色彩变化。如“先帝不以臣卑鄙”（《出师表》）的“卑”是指地位低下，“鄙”是说见识浅陋，“卑鄙”是一个表示谦虚的中性词；现在的“卑鄙”则指品质恶劣，变为贬义词。又如“明哲保身”这个成语，语出《诗经·烝民》“既明且哲，以保其身”，赞扬一个人聪明有智慧，善于适应环境，是褒义词；现在通常用来批评那种不坚持原则，只顾保住自己的处世态度，变成贬义词了。

这四种情况要特别注意，如果不了解古今词义的变化，误以今义释古文，则要么扞格不通，要么歪曲文意。特别是一些差别细微，用今义去解释似乎也“通”的词句，更不能轻易放过。例如“臣所以去亲戚而事君者”（《廉颇蔺相如列传》）的“亲戚”，用今义去解释也通，可是错了，古义的“亲戚”，是包括父母和内外亲戚在内的。照今义解释，范围就缩小了。

【板书】4. 注意古字通假现象

【讲授】通假，指的是古书上音同、音近的字词互相通用和假借的现象，课本里把一些古今字也列入这个范围。

“通用”：两个读音相同或相近，意义也相通的词，古代可以写这个，也可以写那个，这种现象叫作通用。例如“反”通“返”，“知”通“智”。

“假借”：两个读音相同或相近，而意义毫不相干的词，古代有时可以借代，这种现象叫作假借。例如：“女”通“汝”，“惠”通“慧”。

古今字：指古时只有某一个字，后来为了把这个古字所表示的几个概念用不同的字形来区别，造出了另一个或几个今字（多数以原来的古字为声旁），让原来的古字去专门表示另一个或另几个概念。古今字的“古”和“今”是相对而言的，有“先”“后”的意思。如“莫”字，日入草中，就是“暮”（傍晚）的意思，后来因“莫”字还有其他意义，就在它的下端再加上一个形旁“日”字，而以“莫”作为声旁。不过有了“暮”

以后，后人仍有写“莫”的。如同是宋仁宗时代的人，范仲淹就写“暮”，《岳阳楼记》里有“薄暮冥冥”；苏轼就写“莫”，《石钟山记》里有“至莫夜月明”。课本为了方便起见，注释时，把后一种情况也作通假处理。其他如“景”——“影”，“齐”——“剂”“脐”，均属同样情况。

古书中通假现象很多，如果不明通假，就会望文生义，导致误解。有人把“韩信将兵”这个故事中的“何为我禽”一语译为“为什么做了我的家禽”，便是因为不明白“禽”是“擒”（捉拿）的通假字，从而闹了笑话。

通假字中只有一些通用字和古今字可以互相通用。至于假借字只能是甲字通乙字，而不能倒过来把乙字写成甲字。如“蚤”通“早”，但“早”不能写作“蚤”的通假字。这是应该特别注意的。

【解说】中华人民共和国教育部制定的全日制普通高级中学《语文教学大纲》归列出常见文言实词共 120 个。旧教材附有“文言常用实词表”，供师生教学参考使用。遗憾的是，新教材给删去了。我从多年教学经验中得到的结论是：虽然文章有变，但这 120 个实词仍是打好文言基础的基石。今特辑录列出，方便师生参用。

常见文言实词 120 个

A

1. 爱（愛）　2. 安（安）

B

3. 被（被） 4. 倍（倍） 5. 本（本） 6. 鄙（鄙）
7. 兵（兵） 8. 病（病）

C

9. 察（察） 10. 朝（朝） 11. 曾（曾） 12. 乘（乘）
13. 诚（誠） 14. 除（除） 15. 辞（辭） 16. 从（從）

D

17. 殆（殆） 18. 当（當） 19. 道（道） 20. 得（得）
21. 度（度）

F

22. 非（非） 23. 复（複） 24. 负（負）

G

25. 盖（蓋） 26. 故（故） 27. 固（固） 28. 顾（顧）
29. 归（歸） 30. 国（國） 31. 过（過）

H

32. 何（何） 33. 恨（恨） 34. 胡（胡） 35. 患（患）
36. 或（或）

J

37. 疾（疾） 38. 及（及） 39. 即（即） 40. 既（既）
41. 假（假） 42. 间（間） 43. 见（見） 44. 解（解）
45. 就（就） 46. 举（舉） 47. 绝（絕）

K

48. 堪（堪） 49. 克（克）

L

50. 类（類）　51. 怜（憐）

M

52. 弥（彌）　53. 莫（莫）

N

54. 乃（乃）　55. 内（内）

Q

56. 期（期）　57. 奇（奇）　58. 迁（遷）　59. 请（請）　60. 穷（窮）　61. 去（去）　62. 劝（勸）　63. 却（卻）

R

64. 如（如）　65. 若（若）

S

66. 善（善）　67. 少（少）　68. 涉（涉）　69. 胜（勝）　70. 识（識）　71. 使（使）　72. 是（是）　73. 适（適）　74. 书（書）　75. 孰（孰）　76. 属（屬）　77. 数（數）　78. 率（率）　79. 说（說）　80. 私（私）　81. 素（素）

T

82. 汤（湯）　83. 涕（涕）　84. 徒（徒）

W

85. 亡（亡）　86. 王（王）　87. 望（望）　88. 恶（惡）　89. 微（微）

X

90. 悉（悉）　91. 相（相）　92. 谢（謝）　93. 信（信）

94. 兴（興） 95. 行（行） 96. 幸（幸） 97. 修（修） 98. 徐（徐） 99. 许（許）

Y

100. 阳（陽） 101. 要（要） 102. 宜（宜） 103. 遗（遺） 104. 贻（貽） 105. 易（易） 106. 阴（陰） 107. 右（右）

Z

108. 再（再） 109. 造（造） 110. 知（知） 111. 致（致） 112. 质（質） 113. 治（治） 114. 诸（諸） 115. 贼（賊） 116. 族（族） 117. 卒（卒） 118. 走（走） 119. 左（左） 120. 坐（坐）

【过渡】我们先讲学习文言虚词应注意的几点。

【展示】常见文言虚词 18 个。

常见文言虚词：而、何、乎、乃、其、且、若、所、为、焉、也、以、因、于、与、则、者、之。

【讲授】清代学者刘淇在《助字辨略》中说："构文之道，不过实字虚字两端，实字其体骨，而虚字其性情也……且夫一字之失，一句为之蹉跎；一句之误，通篇为之梗塞。"可见虚词在文言文中的地位和作用。怎样才能确切了解并掌握呢？除了多读以增加感性认识外，还应注意以下几点。

【板书】（二）文言虚词

1. 分清虚实

【讲授】文言的虚词实词分类，同白话一样，所不同的是，除了副词、介词、连词、助词、叹词归入虚词外，代词一般也归入虚词。要特别注意的是，文言虚词大多是从实词借用或从实词虚化过来的，因此某个词既可以是实词，又可以是虚词。例如《廉颇蔺相如列传》中“相如顾召赵御史书曰”的“顾”，意为回头，是动词（实词）；“顾吾念之”的“顾”，意为“但”“不过”，是转折连词（虚词）。“皆以美于徐公”（《邹忌讽齐王纳谏》）的“以”，意为“认为”，是动词（实词）；“秦亦不以城予赵，赵亦终不予秦璧”（《廉颇蔺相如列传》）的“以”，意又为“把”，是介词（虚词）。学习时必须分清哪是实词，哪是虚词。

【板书】2. 辨明用法

【讲授】虚词大都有多种用法，要根据它在句子里的作用来确定。比如“之”，可用作助词，也可用作代词。然而，各自又分几种情况。如下——

是寡人之过也。（结构助词，的）（《烛之武退秦师》）

悟已往之不谏。（助词，主谓之间，取消句子独立性，不译）（《归去来兮辞》）

夫晋，何厌之有？（结构助词，起提起宾语的作用）（《烛之武退秦师》）

久之，能以足音辨人。（衬音助词，不译）（《项脊轩志》）

作《师说》以贻之。（代词，指李氏子蟠）（《师说》）

均之二策，宁许以负秦曲。（指示代词，这）（《廉颇蔺相如

列传》)

不知将军宽之至此也。(代词,指我)(《廉颇蔺相如列传》)

常言道:“之乎者也于焉哉,七字会用好秀才。”此言不虚也。

【板书】3. 通晓古今

【讲授】文言虚词,古今变化较大。有的完全消失了。例如作发语词的“夫”“盖”,起提顿作用的“者”,起取消句子独立性作用的“之”等。少数沿用下来。如“学然后知不足”(《学记三则》)的“然后”,今仍作“然后”等。有的用法发生了变化。例如“所以”,在文言里是表示原因或凭借的,现在则表示结果了。“虽”在文言里既可作转折连词,相当于现在的“虽然”,如“众数虽多,甚未足畏”(《赤壁之战》);也可以作让步连词,相当于现在的“即使”,如“则虽欲长侍足下,岂可得哉?”(《荆轲刺秦王》)。在白话中,“虽”只能作转折连词。有的改用了别的词。例如“于”字在文言里能起多种介绍作用,现在则分别用“在”“向”“到”“对”“从”“同”“给”“比”“被”等介词代替。语气助词“矣”,现在一般改用“了”;“乎”一般改用“吗”“呢”;结构助词“之”,现在一般改用“的”;等等。

【板书】4. 注意特例

【讲授】文言虚词中还有一些特殊现象,要特别注意。

第一种情况,兼词。兼词是兼有两个词的意义和作用的单音词。它所兼的两个词属于两个不同的词类。主要有以下几个。

“诸”：放在句中等于“之于”，如“君子求诸己”（《论语·卫灵公》）；放在句末等于“之乎”，如“文王之囿方七十里，有诸?”（《孟子·梁惠王下》）。

“焉”：相当于“于是、于之”，如“积土成山，风雨兴焉”（《劝学》）。

“盍”：等于“何不”。

“叵”：等于“不可”。

第二种情况，虚词连用。连用是为了加强语气，有时两个词连用，有时三个词连用。用在句首的如“噫吁嚱！危乎高哉!”（《蜀道难》）这是三个叹词连用。用在句末的，如“寡人之于国也，尽心焉耳矣”（《孟子·梁惠王上》），这是三个语气词连用。两个助词连用的例子颇多，从略不讲。放在句末的语气词连用，不论是两个还是三个，重点总是最后一个。

第三种情况，双音单音。文言中有些原为两个单音词，发展到白话变为一个双音虚词。例如“吾祖死于是”（《捕蛇者说》）的“于”是“在”，“是”指“捕蛇这件差事”，不同于白话的连词“于是”。此外，还有“无论”“可以”“从而”“其实”“虽然”等，都不要简单地用现代语意去解释。否则，解释就会错。

【小结】掌握虚词的方法和实词一样。特别建议：准备一个词语本，将阅读中遇到的常用虚词的义项摘录下来，抄上例句。一学期结束，全面整理一番。中学几年下来，对阅读文言文必将大有裨益。借助古代汉语字（词）典来作系统整理，是很好的学法。

【板书】三、掌握常见的文言句式

【讲授】文言常用句式和现代汉语的常用句式基本上是相对应的，主要要求掌握判断句、被动句、省略句、疑问句和变式句五种。我们进行一一讲解。

【板书】（一）判断句

【解说】

（1）用“者”或“也”或“者也”或“……者，……也”表判断。

四人者，庐陵萧君圭君玉，长乐王回深父……

项脊轩，旧南阁子也。

城北徐公，齐国之美丽者也。

臣之所好者，道也。

（2）用“乃”“为”“即”等表示判断，也是常见形式。

臣乃市井鼓刀徒者。

天下皆知美之为美，斯恶已。

即今之傫然在墓者也。

（3）用判断动词“是”表判断，是较为晚起的。

问今是何世，乃不知有汉。

同行十二年，不知木兰是女郎。

(4) 直接表示判断，无标志。

刘备天下枭雄。

秦，虎狼之国。

【板书】(二) 被动句

【解说】

(1) 用“于”“见”“见……于”表被动。

不拘于时。

而燕国见陵之耻除矣。

臣诚恐见欺于王而负赵。

(2) 用“为”“为所”“为……所”表被动。

父母宗族皆为戮没。

若属皆且为所虏。

今不速往，恐为曹所先。

(3) 用介词“被”表被动。

信而见疑，忠而被谤。

风流总被雨打风吹去。

(4) 动词本身表示被动。

兵挫地削，亡其六郡。

傅说举于版筑之间，胶鬲举于鱼盐之中。

【板书】(三) 省略句

【解说】

(1) 省略主语。

沛公谓张良曰：“……(　) 度我至军中，公乃入。”

（ ）每假借于藏书之家，（ ）手自笔录。

（2）省略谓语。

一鼓作气，再（ ）而衰，三（ ）而竭。

择其善者而从之，（ ）其不善者而改之。

（3）省略宾语。一是省略动词的宾语，二是省略介词的宾语。

尉剑挺，广起，夺（ ）而杀尉。

权起更衣，肃追（ ）于宇下。

秦王不怿，为（ ）一击缻。

此人一一为（ ）具言所闻。

（4）省略介词“于”。

今以钟磬置（ ）水中。

荆州之民附操者，逼（ ）兵势耳。

【板书】（四）疑问句

【解说】

（1）疑问代词表疑问。如“谁、何、曷、胡、安、孰、焉”等。

谁为大王为此计者？

项王按剑而跽曰：“客何为者？”

激昂大义，蹈死不顾，亦曷故哉？

上胡不法先王之法？

沛公曰：“君安与项伯有故？”

吾与徐公孰美？

若不阙秦，将焉取之？

（2）疑问语气词表疑问。如“乎、耶、哉、欤”等。

学而时习之，不亦说乎？

得无楚之水土使民善盗耶？

而此独以钟名，何哉？

四海之大，有几人欤？

【板书】（五）变式句：主语后置句、宾语前置句、定语后置句、介词结构后置句

【解说】

1. 主语后置句

甚矣，汝之不惠！

安在公子能急人之困也！

2. 宾语前置句

（1）否定句中，代词作宾语提前。

天大寒，砚冰坚，手指不可屈伸，弗之怠。（弗怠之）

自书典所记，未之有也。（未有之）

（2）疑问句中，代词作动词或介词的宾语提前。

大王来何操？（操何）

臣舍人相如止臣曰：“君何以知燕王？”（以何知）

（3）用“之”或“是”作提宾标志。

句读之不知，惑之不解。（不知句读，不解惑）

夫晋，何厌之有？（有何厌）

唯马首是瞻。（瞻马首）

3. 定语后置句

(1) 中心词 + "之" + 定语 + 者。

石之铿然有声者，所在皆是也。

(2) 中心词 + 定语 + 者。

太子及宾客知其事者。

群臣侍殿上者，不得持尺兵。

4. 介词结构后置句

(1) 介词结构"于……"，常在谓语动词后作补语。

虽才高于世，而无骄尚之情。

负栋之柱，多于南亩之农夫。

(2) 介词结构"以……"，放在谓语动词后作补语。

饰以篆文山龟鸟兽之形。

为坛而盟，祭以尉首。

【板书】四、掌握点古代文化常识

【讲授】现在流行一句话："有文凭，没文化。"其原因在于现在很多人很大程度上缺乏基本的文化知识。学点古代文化常识，很有必要。民族自尊心、自信心、自豪感便从此产生。

从某种角度上讲，爱国是一个知识的范畴。一个古代文化知识丰富的人，对国家的悠久历史就更加关注，对祖国的灿烂文化就更加尊崇，对民族的兴衰际遇就更加关心。因而，爱国也就爱得越深沉。学习文言，有助于传统文化的积累、民族精神的传承和爱国情感的培养。培养道德感，铸造中华魂，可从积累古代文化常识开始。

再从文言学习方面看，想读懂文言，只有字词句方面的古汉语知识是不够的。因为古代文章反映的是古代社会的现实，涉及古代社会的典章制度、礼仪习俗、器物用具等文化情况。了解一些古代文化常识，对解释字句和理解内容是十分必要的。自然，古代文化方面的事物相当复杂，也可以说它是专门的学问，我们还无法系统而细致地了解，但起码应意识到它的重要性，从而在学习文言时注意积累和整理，借以提高阅读能力。

我现在就中学课文中常遇到的知识，列出纲目，以备归纳整理时使用。

【展示】姓名称谓　天文历法　地理知识　科举职官　礼仪习俗　衣食住行　器物用具　……

1. 人的称谓

第一种情况是直称姓名。

第二种情况是称字、号、斋名、谥号。

第三种情况是称官名、爵名。

第四种情况是称籍贯。

第五种情况是几项兼称。

此外，还有谦称、敬称和其他称谓。

2. 古代纪年方法

（1）干支纪年法。

（2）年号纪年法。

（3）年号干支兼用。

3. 地名、官名和科举名称

地名：包括地区名、政区名 、城市村镇名、山川关隘名等等。

官名：涉及官署名、官名、官员的职掌等方面。大体分为中央官职和地方官职两大类。

科举名称：汉代——征辟和荐举制；魏晋——九品中正制；隋唐以后——科举制。明、清代——科举制度完备，共分四级：院试、乡试、会试、殿试。

4. 礼仪习俗、器物用具（略）

知识在于积累，积累提高修养。以课文注释为基点，进行适度拓展。遇到这方面的问题，还可参照工具书辅助解决。

【板书】五、了解文言文的立意谋篇、表达特点及载道传统

【讲授】学习文言文，重在提高阅读能力，主要是翻译能力，这是教与学的重要任务。我有一个教学理念，即阅读、写作不分家。在提高翻译能力的同时，还要关注写作知识，培养写作能力，一举两得。好文章是一件伟大的精神产品。从立意——思想的产生，到谋篇——结构的布局，再到表达——语言的锤炼，是立体同步进行的，就像婴儿的孕育、出生。遣词

造句，每个词、每个句子的选择使用，都关系着作者意思的精准表达；段落安排，每一段内容位置的确定，都关联着文章思路的顺畅完整。它不像机器人生产，可以拆分为若干部分，最后组合完成。因此，既要教授、学习好文章的文言词语句式、基本知识，又要了解它的立意谋篇和表达特点，以及我们中华文以载道的优秀传统。仅举初中、高中课本都曾选用的杜甫名篇《石壕吏》为例，作一讲解。

【展示】原文

石壕吏

杜 甫

暮投石壕村，有吏夜捉人。老翁逾墙走，老妇出门看。

吏呼一何怒！妇啼一何苦！听妇前致词：三男邺城戍。一男附书至，二男新战死。存者且偷生，死者长已矣！室中更无人，惟有乳下孙。有孙母未去，出入无完裙。老妪力虽衰，请从吏夜归。急应河阳役，犹得备晨炊。

夜久语声绝，如闻泣幽咽。天明登前途，独与老翁别。

【讲授】在疏通字词，了解了基础知识之后，还应做进一步的理解分析。

第一段为前四句。首句“暮投石壕村”，单刀直入，直叙其事。“暮”字、“投”字、“村”字都值得玩味。在封建社会里，由于社会秩序混乱和旅途荒凉等原因，旅客们都“未晚先投宿”，更何况在兵祸连延的时代。而杜甫，却于暮色苍茫之时

（“暮”：日入草中，太阳刚下山）匆匆忙忙地投奔到一个小村庄里借宿，这种异乎寻常的情景就富于暗示性。可以设想，他或者是压根儿不敢走大路；或者是附近的城镇已荡然一空，无处歇脚；或者……总之，寥寥五字，不仅点明了投宿的时间和地点，而且暗示出了兵荒马乱、动荡不安的社会景象，为悲剧的演出提供了典型环境。“有吏夜捉人”一句，是全篇的提纲，以下情节都从这里生发出来。不说“征兵”“点兵”“招兵”而说“捉人”，在如实的描述之中寓揭露、批判之意。再加上一个“夜”字，含义更丰富。第一，表明官府“捉人”之事时常发生，百姓白天躲藏或者反抗，无法“捉”到；第二，表明差吏“捉人”的手段狠毒，于人入睡的黑夜，来个突然袭击。同时，诗人是“暮”投石壕村的，从“暮”到“夜”，已过了几个小时，这时当然已经睡下了。所以下面的事件发展，诗人没有参与其间，而是隔门听出来的。“老翁逾墙走，老妇出门看”两句，表现了人们长期以来深受抓丁之苦，昼夜不安；即使到了深夜，仍然寝不安席，一听到门外有响动，就知道县吏又来“捉人”，老翁立刻“逾墙”逃走，由老妇开门周旋。

——读懂诗文，需要想象发挥，临其境，见其人，闻其声，知其事。

从“吏呼一何怒”至“犹得备晨炊”这十六句，可看作第二段。“吏呼一何怒！妇啼一何苦！”两句，极其概括、极其形象地写出了“吏”与“妇”的尖锐矛盾。一“呼”、一“啼”，一“怒”、一“苦”，形成了强烈的对照；两个状语“一何”，加重了感情色彩，有力地渲染出县吏如狼似虎，叫嚣隳突的横蛮气势，并为老妇以下的诉说制造出悲愤的气氛。矛盾的两方面，具有主与从、因与果的关系。“妇啼一何苦”，是“吏呼一何怒”逼出来的。下面，诗人不再写“吏呼”，全力写“妇啼”，而“吏呼”自见。“听妇前致词”承上启下。那“听”是诗人在“听”，那“致词”是老妇“苦啼”着回答县吏的“怒呼”。写“致词”内容的十三句诗，多次换韵，明显地表现出多次转折，暗示了县吏的多次“怒呼”、逼问。读这十三句诗的时候，千万别以为这是“老妇”一口气说下去的，而县吏则在那里洗耳恭听。实际上，“吏呼一何怒！妇啼一何苦！”不仅仅发生在事件的开头，而是持续到事件的结尾。

从“三男邺城戍”到“死者长已矣”，是第一次转折。可以想见，这是针对差吏的第一次逼问而诉苦。差吏夜捉人，四处搜索，却找不到一个男人，扑了个空。于是怒吼道：“你家的男人都到哪儿去了?!”老妇哭诉说：“三个儿子都当兵守邺城去了。一个儿子刚刚捎来一封信，信中说，另外两个儿子已经战死了！……”哭诉的时候，也许差吏不相信，老妇还拿出信来交给县吏看。总之，“存者且偷生，死者长已矣”，活着的姑且活着，死了的永远完结了。处境多么悲惨！她很希望以此博得差吏的同情，让他们高抬贵手。不料县吏又大发雷霆：“难道你家里再没有别人了？”她只得继续说：“室中更无人，惟有乳下孙。”这两句，也许不是一口气说下去的，因为“更无人”与下面的回答产生了明显的矛盾。合理的解释是，老妇先说了一句：“家里再没人了！”而在这当儿，被儿媳妇抱在怀里躲到什么地方的小孙儿，受了怒吼声的惊吓，哭了起来，掩口也不顶用。于是县吏抓到了把柄，威逼道：“你竟敢撒谎！不是有个孩子哭吗？”老妇不得已，这才说：“只有一个孙子啊！还吃奶呢！”孩子啼哭，可能传出妇人哄孩子的声音。差吏又厉声喝道：“你不是说没有人了吗？！怎么还有一个妇人？”老妇才无奈回答：“有孙母未去。”因为孙子还小，所以他的母亲没有改嫁。差吏还是不依不饶，要求孩子的母亲出来一见。老妇最担心的事情终于发生了！她只得硬着头皮解释：“可怜她衣服破破烂烂，连件遮体的衣服都没有，不能出来见人。”但是，差吏仍不肯罢手。老妇不忍守寡的儿媳被抓走，饿死孙子，万般无奈，只得挺身而出：“老妪力虽衰，请从吏夜归。急应河阳役，犹得备晨炊。”我虽然衰老了，请让我跟您一起回营去，还能赶得上明天做早饭呢。老妇的“致词”，到此结束，差吏勉强同意，带着老妇人走了，交差去了。

最后一段虽然只有四句，却照应开头，涉及所有人物，写出了事件的结局和作者的感受。“夜久语声绝，如闻泣幽咽。”表明老妇已被抓走，儿媳妇低声哭泣。“夜久”二字，反映了老妇一再哭诉、县吏百般威逼的漫长过程。“如闻”二字，一方面表现了儿媳妇因丈夫战死、婆婆被“捉”而泣不成声，另一方面也显示出诗人以关切的心情倾耳细听，通夜未能入睡。“天明登前途，独与老翁别”两句，收尽全篇，于叙事中含无限深情。试想昨日傍晚投宿之时，老翁、老妇双双迎接，而时隔一夜，老妇被捉走，只能与逃走归来的老翁作别了。老翁是何心情？诗人做何感想？给读者留下了想象的余地。

【过渡】其实，杜甫的代表作叙事诗《石壕吏》，还是一个独幕剧——

【板书】

独幕剧《石壕吏》

时间：唐代安史之乱时期的一个夜晚

地点：石壕村一个农家小院

人物：老翁、老妪、差吏数人

事件：差吏夜里来石壕村抓人当兵

解说：“我”，即诗人杜甫

场景：前场——院里；后场——屋内

情节：

三男邺城戍……

室中更无人——惟有乳下孙

——有孙母未去

出入无完裙

老妪力虽衰……

〖教学建议〗排演课本剧——话剧；或分角色朗读。

【解说】在安史之乱和以后的几年混战中，杜甫描绘了一幅幅老百姓求生无望、求死无门的悲惨图像，使后世能如见其人，如经其事，了解到公元8世纪50年代中期到60年代末，老百姓是怎样在水深火热中翻滚，怎样像命贱的蚂蚁一样默无声息地走向死亡。

在被战争消灭了温情的岁月里，一切无法躲避的灾祸，都会不可阻挡地降临在弱者的头上。清代诗人袁枚痛苦地喊道："莫唱当年《长恨歌》，人间亦自有银河，石壕村里夫妻别，泪比长生殿上多。"多少人在为唐玄宗和杨贵妃的生离死别洒下同情的泪水，而杜甫却看到了石壕村里这对老夫妻的生离死别。他们不善于吐露无法承受的悲哀，只会默默地哭泣。因为他们是弱者。

在疏通字词，了解了基础知识之后，学生能较深入、全面地领会作品的谋篇布局、表达艺术、文学价值等，学习兴趣便由此产生，语文修养便由此增长，人文情怀便由此深广。试想，如果我们的教与学只完成了文言字词、文学常识、翻译等基本方面，而轻视忽略遣词用句、立意谋篇、理解分析、鉴赏评价、情感态度、审美价值方面，该是多么地失重！韩愈在《师说》中说："小学而大遗，吾未见其明也。"值得深思。

【思问】那么，怎样学习文言文，或者说，学习文言文有哪些行之有效的学法呢？

【板书】怎样学习文言文

【过渡】我们具体讲解文言文的学习方法，以司马迁《史记·廉颇蔺相如列传》为例，以供同学们借鉴。

教与学课例：《史记·廉颇蔺相如列传》（司马迁）

【板书】首先，诵读

【讲授】学习文言文的重要方法是诵读。古人说得好："熟读唐诗三百首，不会作诗也会吟。"意思是说，读得多了，就能增强语感，逐步理解诗歌的内容，掌握诗歌的语言规律，从而自己也就会写诗了。散文也是如此。经常诵读，对提高阅读文言文的能力，无疑会有很大的裨益。

所谓诵读，就是在初步理解的基础上，用朗读的方法，反复熟读课文，逐步加深理解，直到能够背诵。这是前人学习文言文行之有效的好方法。

诵读，必须读准字音，读清句读，读出语气。

第一，读准字音。一般说来，读音要以现在字典上的普通话标音为准，不是有特定要求的，不要再读古音。至于一些异读字，则要根据具体情况处理。所谓异读，是指一个字有两个以上的读法。文言文中的异读有三类：破音异读，通假异读，古音异读。

（1）破音异读。前人又叫“读破”“破音”。它是用改变字（词）的通常读音来表示不同词性和意义的一种办法。例如“王”和“衣”，现在只作名词用，但在文言文里，除了用作名词（读音和现在一致）外，还可用作动词。王读“wàng”，意思是成王、成王业，如“沛公欲王关中”（《鸿门宴》）；衣读“yì”，意思是“穿”，如“乃使其从者衣褐”（《廉颇蔺相如列传》）。

（2）通假异读。字（词）通假，在文言文中是常见的现象。甲字通假为乙字，即读乙字的读音。如“学而时习之，不亦说乎”中的“说”通“悦”，就得读“yuè”。

（3）古音异读。有些专有名词，如人名、地名、官名、族名、器物名、姓氏等，因为专有，就有固定性，从而保留了古音。对于这些字，我们要依照普通话审音委员会编的《普通话异读词审音表》的规定，凡是已经明令废读古音、统一读今音的，就读今音。

把字音读正确，是诵读的起码要求，除按照课本注解的标音去读之外，还要勤查字典。不只遇到生字要查，遇到用熟知的字义解释不通的字，也要查；不仅要选用适合的字义，还要看字音有没有变化：这样才能避免读错。

第二，读清句读。特别要注意句中的停顿，不要读破句。古代文言文是不用标点的，因此，古人十分重视培养分清句读的能力，也总结出不少经验。现在选入课本的文章和一般选本，都已加上标点符号，诵读时只要根据标点符号来确定停顿的长短、语调的抑扬即可。但是遇到以下几种情况时，还得特别注意。

（1）在古代是两个单音词，而现代汉语中恰巧是一个复音词，词义也发生变化的时候，要分开来读，不要错把它当作一个词合起来读。例如："今齐地方千里，百二十城。"（《邹忌讽齐王纳谏》）其中"地方"，在现代汉语中是一个词，但在上述句子中"地"是名词作主语，"方"和后面的"千里"合起来作谓语。因此，诵读时要稍作停顿，"今齐地/方千里"；如果"地方"连读，就错了。

（2）一些较长的句子，诵读时要在句中停顿，必须辨清语意和语言结构，使读音上的停顿和语意、语言结构一致。例如："此所谓'强弩之末势不能穿鲁缟'者也。"（《赤壁之战》）"此所谓"后面，自然可以停顿一下，以显示下面是引文。引言有十个字，是个完整的句子，中间再要停顿的话，就只能停在主语的中心语"末"的后面。如果不辨清语意，误停在"势"的后面，就是读破句了。

（3）文言文中有一些虚词放在句子的开头领起全句乃至全段，如"夫""盖""惟""其""若夫""至若"等，诵读时必须作些停顿，不能和后面的文字连读，否则就会影响文意的理解。如《岳阳楼记》中的"若夫"领起"悲"的一大段文字，"至若"领起"喜"的一大段文字，更是非单独停顿不可。

第三，读出语气，读出文章的感情和气势，表现出文章中抑扬顿挫、跌宕起伏的节奏感。因为用语言表达感情色彩，总是带着语气的。在文言文里，词的感情色彩、句的构造、修辞手法的运用，都和语气的表达密切相关。例如："古之学者必有师。师者，所以传道受业解惑也。"（《师说》）前句用了"必"字，后句用"……者，……也"表示判断，语气坚定有力。"呜呼！孰知赋敛之毒，有甚是蛇者乎！故为之说，以俟夫观人风者得焉。"（《捕蛇者说》）强烈地反映了作者无比激愤感慨，以及迫切期望改变这种不合理现状的强烈感情。所以，读文章不能只停留在字面的理解上，还要从用词、句式、修辞等方面来体会语气，如此心领神会，才能尝到读书之乐。

诵读能够培养语感，有助于词语的学习和记忆，能增进对课文内容的理解，是学习文言文的好方法。

〖诵读要求〗按照上述诵读知识，诵读《廉颇蔺相如列传》一文。文章篇幅较长，更需要朗读，做到熟读成诵。

【板书】其次，积累

【讲授】积累是学习文言文的基本功，文言功底是由此打下的。一要整理课文学过的重要的实词和虚词。实词侧重一词多义、词类活用、古今异义、通假现象。可参考"常见文言实词120个"。虚词侧重规定的18个虚词。二要整理特殊句。前面讲过的，要掌握判断句、被动句、省略句、疑问句和变式句五种。三要积累课文中出现的古代文化常识。这样，中学结束，阅读文言文就有了一定的根底。

《廉颇蔺相如列传》需作如下积累：

一、常见的实词

书　请　对　幸　许　负　立　交　设　引　恐　毕

1. 一词多义

试举三例：

负

①秦贪，负其强　②臣诚恐见欺于王而负赵

③相如度秦王虽斋，决负约不偿城

④均之二策，宁许以负秦曲

⑤廉颇闻之，肉袒负荆

引

①引赵使者蔺相如　②左右或欲引相如去

③相如引车避匿

幸

①而君幸于赵王　②大王亦幸赦臣

③则幸得脱矣

参考答案：

负：①依仗；②辜负，对不起；③违背；④使……担负；⑤背着。

引：①延请；②牵拉；③调转。

幸：①宠幸；②幸而；③侥幸。

2. 词类活用

（1）名词活用为动词。

①舍相如广成传舍　②怀其璧

（2）名词作状语。

①而相如廷叱之　②故令人持璧归，间至赵矣

③于是遂遣相如奉璧西入秦

（3）使动用法。

①完璧归赵　②宁许以负秦曲

③毕礼而归之　④我见相如，必辱之

（4）意动用法。

①且庸人尚羞之　②以先国家之急而后私仇也

（5）形容词用作动词。

①严大国之威以修敬也　②大王必欲急臣

③吾羞，不忍为之下

参考答案：

（1）舍：安置住宿；怀：怀揣。

（2）廷：在朝廷上；间：从小路；西：向西。

（3）完：使……完好；负：使……担负；归：使……归；辱：使……受辱。

（4）羞：以……为羞；先：把……放在前面；后：把……放在后面。

（5）严：尊重；急：逼迫；羞：感到羞耻。

二、常见的虚词

因　且　以　之

试举两例：

因

①相如因持璧却立　②不如因而厚遇之

③于是相如前进缶，因跪请秦王

④因宾客至蔺相如门谢罪

且

①且秦强而赵弱　②王不行，示赵弱且怯也

③且庸人尚羞之

参考答案：

因：①副词，于是、就；②介词，趁着；③介词，趁着；④介词，通过。

且：①连词，况且；②连词，并且；③连词，即使，表假设，兼让步。

三、古今异义

①璧有瑕，请指示王

②秦自缪公以来二十余君，未尝有坚明约束者也

③于是相如前进缶　④宣言曰：“我见相如，必辱之。”

⑤臣所以去亲戚而事君者　⑥传以示美人及左右

参考答案：

①指示　古：指给……看；今：上级对下级或长辈对晚辈说明处理某个问题的原则和方法。

②约束　古：契约；今：限制使不越出范围。

③前进　古：上前进献；今：向前走。

④宣言　古：扬言；今：文告、宣告。

⑤亲戚　古：包括父母在内的内外亲属；今：除父母以外的内外亲属。

⑥美人　古：文中指妃嫔；今：美貌的女子。

四、通假现象

①秦王以十五城请易寡人之璧，可予不

②拜送书于庭

③召有司案图

④秦自缪公以来二十余君，未尝有坚明约束者也

⑤唯大王与群臣孰计议之

参考答案：

①不：否。

②庭：廷。

③案：按。

④缪：穆。

⑤孰：熟。

五、特殊句式

1. 判断句

①廉颇者，赵之良将也。②和氏璧，天下所共传宝也。

③我为赵将。

2. 被动句

①而君幸于赵王。②臣诚恐见欺于王而负赵。

③秦城恐不可得，徒见欺。

3. 变式句

（1）宾语前置句。

①君何以知燕王？②何以知之？

（2）定语后置句。

求人可使报秦者。

（3）介词结构后置句。

①送书于庭。②故燕王欲结于君。

4. 省略句

①臣尝从大王与燕王会境上。②相如既归，赵王以为贤大夫。

③请奉盆缶秦王。④于是秦王不怿，为一击缶。

⑤得璧，传之美人。⑥相如持其璧睨柱，欲以击柱。

⑦不如因而厚遇之，使归赵。

六、文学、文化常识

1. 文学常识

司马迁字________，西汉夏阳人，我国伟大的________、

________、________。《史记》是我国第一部________通史，又名________。它记载了上起传说中的________，下迄________共约________年的历史。全书共包括：________，以序帝王；________，以记诸侯；________，以表人物；________，以系时世；________，以详体制。共________种体例，________篇，计________余万字。作为正史的二十四史，《史记》是第一部。鲁迅赞誉它为“史家之绝唱，无韵之离骚”，意即它既是一部________巨著，又是一部________巨著。

参考答案：

子长　史学家　文学家　思想家　纪传体　太史公书　黄帝　汉武帝太初四年　3000　12 本纪　30 世家　70 列传　10 表　8 书　五　130　50　史学　文学

2. 文化常识

①斋戒：古人在祭祀或行大礼前，洁身清心，以示虔诚。

②有司：官吏的通称。古代设官分职，各有专司，所以称官吏为“有司”。

③设九宾于廷：在朝堂上安设“九宾”。这是古代外交上最隆重的礼节。九宾，由傧者九人依次传呼接引宾客上殿。

④右：上。秦汉以前，以右为尊。

⑤负荆：背着荆条，表示愿受责罚。这是向对方请罪的一种方式。荆，灌木，古代常用它的枝条做刑杖。

⑥将军：春秋时诸侯以卿统军，因此卿统称“将军”。战国时“将军”开始作为武官名，而卿仍有“将军”之称。这里指蔺相如。

【板书】再次，领悟

【讲授】领悟就是自己分析、鉴别和比较，甚至可以把猜测也包括进去。中学生阅读一篇附有注解的浅易文言文，大致可以读懂，这就有了领悟的基础；个别地方一时拿不准，不妨先根据上下文假设一种解释，然后查工具书或向老师请教。这种方法，前人称为“以意逆志”（用自己的设想，去迎合文章的意思）或“以意会之”（“会”有体会、会合之义）。学习文言文，注意力应该放在领悟上。养成领悟的习惯以后，再拿起文言文来看，就仿佛进入一个自己熟悉的语言环境，即使碰到一些难词难句，只要稍微花些力气去查一下，也就不难解决。领悟的关键是要掌握一大批实词和一些常见虚词的用法，要善于利用上下文，从词的本义或常用义推出它在本句话中的意义。领悟也不是一次就能终结的，而是每一次都应有新的内容，既要纠正前一次领悟中不正确的成分，又要在原有的正确认识的基础上深入一步：从疏通文义，理清文章层次脉络，直到准确把握全文的主旨和体会作者匠心独运之处。

【小结】要之，诵读、积累和领悟，三种方法是相辅相成，互相联系的。它们既是感性认识和理性认识的统一，又是记忆和理解的统一。它们的统一性在于：领悟和积累有助于熟读成诵，而熟读成诵，又反过来促进领悟和积累。用这种办法来学习文言文，阅读文言文的能力，一定会有较显著的提高。

【板书】最后，立意谋篇、表达特点及载道传统

选材、剪裁和主题思想

作者从廉颇、蔺相如众多的事迹中，选取了最有典型意义的三件事来写。首先，对廉颇、蔺相如并列地做简单介绍，接着第一件事完璧归赵，完全写蔺相如，主要表现他的机智，也表现他的勇敢。第二件事渑池之会，重点写蔺相如，主要表现他的勇敢，也表现他的机智；对廉颇的描写，穿插在渑池会的开头和结尾，表现了廉颇参与正确决策，对赵国无限忠诚。第三件事将相和欢，两人合写，通过蔺的先国后私，廉的勇于改过，把两人的思想性格统一到忠君爱国这一基本点、共同点上来。这样写，既详写蔺相如，表现出这部分的重点，又兼顾廉颇，对其有一定分量的描述。

在内容上，三件事紧密联系。正因为蔺相如忠君爱国，所以他能自告奋勇，送璧到虎狼之国的秦国去，能巧妙地使用计策完璧归赵，而且能冒着自己与和氏璧“俱碎于柱”和“就汤镬”的危险，义正词严地廷叱秦王。正因为蔺相如忠君爱国，所以他能在渑池会上威逼秦王，斥退群臣，同秦国君臣针锋相

对。也正因为蔺相如忠君爱国，所以在本国内部，他能够顾全大局，不计私怨，对廉颇的欺辱一再忍让，终于感动廉颇，两人“卒相与欢”，共同对敌。廉颇的种种良好表现，也无不源于忠君爱国这个基本点。

除了对廉、蔺两人的描述有详有略之外，对三件事情的描述也详略分明。

文章开始，简述廉、蔺二人出身，这既是对人物出身情况的必要交代，又为后文廉自恃功高鄙视蔺相如出身埋下伏笔。简述之后，就有声有色地详细描述了完璧归赵的事，事情一写完，就以拜相如为上大夫，“秦亦不以城予赵，赵亦终不予秦璧”简单地作结。第二件事渑池之会的背景写得也很简练：“其后秦伐赵，拔石城。明年复攻赵，杀二万人。”两次战役，两句带过。接着很快就进入事件本身，详写廉、蔺二人的计议，廉的安排，蔺在会上的斗争等等，这些表现二人思想性格的部分详写之后，渑池会的结果同样只简单交代两笔，就转入第三件事。第三件事先详写廉颇妒忌，接着写蔺相如以国家大局为重，极力忍让，这部分写得特详细，然后写廉颇知过改过，充分表现了两人的爱国精神，最后，只以“卒相与欢，为刎颈之交”九个字结束这一部分。

课文就这样通过三个故事，表现了蔺相如的机智勇敢、不计私怨，廉颇的坦率真诚、勇于改过，赞颂了两位的爱国主义精神。

【板书】

完璧归赵：初露锋芒　奉璧使秦　完璧归赵

渑池之会：会前计议　会上交锋　秦败赵胜

将相和欢：相如退避　以理服众　负荆请罪

【过渡】司马迁是大手笔。在立意、选材、剪裁、布局、结构上，于本文可见一斑。此外，司马迁记史开创“纪传体”先河，以历史人物为中心，记叙历史。在塑造历史人物上，更见功力。阅读写作不分家，向司马迁学习记叙人物的方法，一举两得。

【板书】塑造历史人物的文学手段

1. 选择典型事件表现人物（从上，略）

2. 在矛盾冲突中刻画人物

【讲授】在矛盾冲突中刻画人物，这里取“完璧归赵”一个事件为例加以说明。秦王提出以十五座城易和氏璧后，摆在赵国面前的是“予璧”和“勿予”的矛盾。如何解决？赵国君臣进行了商议，但定不下来。可蔺相如一出场，几句话，就把“予”和“勿予”的利害分析得一清二楚，还自愿出使秦国，保证“城不入，臣请完璧归赵”，就这样一下子把这个矛盾解决了。这是何等智慧，何等胆略！到了秦廷，摆在蔺相如面前的是：如果秦王无意偿城怎么办？如何完成完璧归赵的使命？这时，强秦和弱赵在“夺璧”和“保璧”上的矛盾更直接、更尖锐了。蔺相如先奉璧给秦王，显得很有礼貌。这一行动也使以后的取璧、归璧显得有理。当观察到“秦王无意偿赵城”时，他胸有成竹，不动声色地巧计取回和氏璧，然后申说赵王尊重秦王而秦王无意偿城。这段话意在使秦王承担理亏的责任，使蔺相如的取璧行为显得有理。但光有理并不能折服贪暴的秦王，也不能防止秦王用暴力夺璧。于是在说理之后，蔺相如就演出怒发冲冠一幕，以威胁秦王。蔺相如其实是分析了秦王的心理，知道秦王的目的是仗势骗璧，如果自己的态度非常坚决，秦王也不敢逼得太厉害，免得璧破人死，他不但永远得不到璧，还会白白受天下人谴责。但分析是这样分析，事情怎样发展也很难说，所以蔺相如当时是真的怒发冲冠，以死来保护和氏璧，保护赵国的尊严的。秦王见蔺相如怒发冲冠，果然赶快“辞谢，固请，召有司案图，指从此以往十五都予赵”。这当然骗不过蔺相如，但蔺估摸秦王的心理：自恃秦国强大，赵国不敢不给璧，而且事实上璧也已经送到秦国了，不怕拿不到。蔺就利用秦王这种骄傲麻痹的思想，假装受骗，只要求秦王斋戒五天后就“上璧”。果然秦王答应了，这使蔺相如得以完璧归赵，解决了“夺璧”“保璧”的矛盾。但是，小小的璧，可以暗地送回赵国，作为赵国堂堂使者的蔺相如，却不可能暗地回国，以免失礼、失理，显示胆怯无能，所以，蔺相如勇敢地留了下来。这样，新的矛盾又产生了：如果秦王一气之下，把蔺相如杀了怎么办？这时“夺璧”“保璧”的矛盾，又转为“杀蔺”“保蔺”的矛盾了。在设九宾之礼，准备受璧的秦国朝廷上，蔺相如出人意料地首先直斥秦国："秦自缪公以来二十余君，未尝有坚明约束者也。"话说得很重，这正是为蔺相如暗地送璧回国提出有力的理由。接着又说："且秦强而赵弱，大王遣一介之使至赵，赵立奉璧来。"进一步说明赵国尊重秦国，为送璧回国辩护，从而提出"今以秦之强而先割十五都予赵，赵岂敢留璧而得罪于大王乎?"。意思是和氏璧现在虽然已送到赵国，但你若真要交换还是可以的，不过要先割十五城。蔺相如既不拒绝秦王换璧的要求，给秦王面子让他下台阶，又明白地拒绝秦王拿空话欺骗自己。最后，蔺相如坦然表示："臣知欺大王之罪当诛，臣请就汤镬。唯大王与群臣孰计议之。"蔺相如一方面估计到秦王不会杀他，因为正如后来秦王自己说的——"今杀相如，终不能得璧也"，而且会招致许多不好的影响，这个时候秦王还不想同赵国彻底闹翻；但另一方面，虎狼之国的横暴君主，脾气是很难估计的，万一秦王听说和氏璧已离秦国而大发雷霆，蔺相如也是准备以死报国的。结果，秦王与群臣"相视而嘻"，考虑了一下，还是理智占了上风，勉强说了一番漂亮话，"卒廷见相如，毕礼而归之"。这个矛盾又很好地解决了。在这一个又一个以弱对强、困难重重、险象环生的矛盾斗争中，蔺相如机智、勇敢，他的爱国主义精神也因此得到了淋漓尽致的表现。

在记叙文写作中，在矛盾冲突中刻画人物，是重要的写作方法。在出现矛盾冲突、解决矛盾冲突的过程中，人物思想性格就会更鲜明、生动、突出，人物就会更富有个性，形象也会更加丰满。我一直认为，跟司马迁学习怎样写记叙文，是最便捷的途径。

【板书】3. 对话描写塑造人物

【讲授】在三个事件的描述中，大段对话占了很大篇幅，有的情节干脆由对话来表达，许多对话使人如闻其声，如见其人，形象地表现了人物的性格和思想。如蔺相如劝缪贤不要逃亡；蔺相如劝赵王答应秦国以璧易城的要求，分析利害，提出对策，不由人不信服。蔺相如在秦廷向秦王说的话，有时语气平和，谦恭有礼，使对方放松警惕；有时直言斥责，有理有据，雄辩折人；有时坚决表态，分析利害，暗示对方（“唯大王与群臣孰计议之”）；有时怒不可遏，咄咄相逼。总之，词锋犀利，刚柔兼施，而又轻重恰当，充分表现了他是一个忠君爱国、不畏强暴、有智有勇、能言善辩、娴于辞令的外交家。

廉颇的对话在课文中只有三处。在渑池会前他“与（赵）王诀”的一段话，表现了他不但勇于冲锋陷阵，而且很有政治头脑。这样，他后来的知过就改就是合情合理的发展了。在将相和欢事件中，他先前说的一番话，表现了他的自高自大和心胸狭窄。这是武将廉颇性格发展和情节发展的必然，作者写出这一性格特点，是真实可信的。正由于这一性格特点，后来写廉颇知过改过、负荆请罪，就更突出了廉颇坦率真诚的性格和热爱赵国的思想。廉颇向蔺相如请罪时说：“鄙贱之人，不知将军宽之至此也!”语言不多，坦诚直率，可敬可爱!

在记叙文写作中，对话描写是重要的描写人物的方法。语言符合人物身份、性格，是重要的写作标准和要求，此文当是学习的范例。阅读写作同步，是学习语文之大法。

【思问】蔺相如完璧归赵，成于侥幸，还是成于必然?

【解说】关于蔺相如完璧归赵，历来有不同的观点，请同学们课后参看《古文观止》选文——王世贞《蔺相如完璧归赵论》。为学习便捷，现录于下：

蔺相如完璧归赵论

明　王世贞

蔺相如之完璧，人皆称之。予未敢以为信也。

夫秦以十五城之空名，诈赵而胁其璧。是时言取璧者，情也，非欲以窥赵也。赵得其情则弗予，不得其情则予；得其情而畏之则予，得其情而弗畏之则弗予。此两言决耳，奈之何既畏而复挑其怒也!

且夫秦欲璧，赵弗予璧，两无所曲直也。入璧而秦弗予城，曲在秦；秦出城而璧归，曲在赵。欲使曲在秦，则莫如弃璧；畏弃璧，则莫如弗予。夫秦王既按图以予城，又设九宾，斋而受璧，其势不得不予城。璧入而城弗予，相如则前请曰：“臣固知大王之弗予城也。夫璧非赵璧乎?而十五城秦宝也。今使大王以璧故，而亡其十五城，十五城之子弟，皆厚怨大王以弃我如草芥也。大王弗与城，而给赵璧，以一璧故，而失信于天下，臣请就死于国，以明大王之失信！”秦王未必不返璧也。今奈何使舍人怀而逃之，而归直于秦？是时秦意未欲与赵绝耳。令秦王怒而僇相如于市，武安君十万众压邯郸，而责璧与信，一胜而相如族，再胜而璧终入秦矣。

吾故曰：蔺相如之获全于璧也，天也。若其劲渑池，柔廉颇，则愈出而愈妙于用。所以能完赵者，天固曲全之哉！

【思问】学习文言文，较好的参考书有哪些？

【解说】根据个人的教学实践，我首推中华书局出版的《古文观止》。《古文观止》是清代康熙年间吴楚材、吴调侯叔侄二人选编的一部古代散文集。共十二卷，以年代为经，作家为纬，按照从古到今的顺序排列，选录自春秋战国至明末两千多年间的名作 222 篇，基本上反映了中国古代散文发展的脉络与特点，体现了中国古代散文所取得的最高成就。古文观之止也，此言不虚。自问世以来，三百多年间，《古文观止》以其选文名篇荟萃、篇幅适中、雅俗共赏，一直盛行不衰，是古文启蒙的必备书。自从教以来，我一直以《古文观止》为弟子的必读书。为了读有重点，我还特意选出七十二篇，要求弟子抄录、翻译，这既提高了阅读文言文的能力，又吸取了文中所载的“道”，还积累了丰富的写作材料。获益之大，受惠之久，难以尽言。

附录1 佟先生推荐《古文观止》选文七十二篇

卷一：郑伯克段于鄢　臧僖伯谏观鱼　宫之奇谏假道
寺人披见文公　介之推不言禄

卷二：王孙满对楚子　祁奚请免叔向　晏子不死君难
季札观周乐　子产论政宽猛

卷三：召公谏厉王止谤　敬姜论劳逸　叔向贺贫
郑伯克段于鄢　晋献公杀世子申生
有子之言似夫子　公子重耳对秦客

卷四：苏秦以连横说秦　赵威后问齐使　触龙说赵太后
鲁仲连义不帝秦　唐雎不辱使命　谏逐客书
宋玉对楚王问

卷五：五帝本纪赞　项羽本纪赞　孔子世家赞　伯夷列传
管晏列传　屈原列传　游侠列传序　货殖列传序
太史公自序　报任安书

卷六：高帝求贤诏　治安策　论贵粟疏　答苏武书
诫兄子严敦书

卷七：谏太宗十思疏　为徐敬业讨武曌檄　吊古战场文
原道

卷八：进学解　送孟东野序　送董邵南序　柳子厚墓志铭

卷九：梓人传　愚溪诗序　黄冈竹楼记　严先生祠堂记
　　　朋党论

卷十：泷冈阡表　管仲论　辨奸论　刑赏忠厚之至论
　　　范增论　留侯论　贾谊论　晁错论

卷十一：凌虚台记　后赤壁赋　六国论　黄州快哉亭记
　　　　读孟尝君传

卷十二：深虑论　瘗旅文　信陵君救赵论　报刘一丈书
　　　　沧浪亭记　蔺相如完璧归赵论　五人墓碑记

【思问】在中学阶段，可否进行文言文写作呢？

【讲授】关于这个问题，我的回答是："可以。"

让学生写作文言文，是我进行文言文教学的重要方法、步骤之一。教学流程是这样的：

首先，诱思启智，培养兴趣。训练用词准确，用文言写作，是一条很好的途径。举个例子，有这样一则消防宣传的广告：隐患胜于明火，防范胜于救火，责任重于泰山。其中，"隐患胜于明火"，语意不通。"胜于"常用来指好的方面超过另一方，表意即为"隐患的益处超过明火"，意思说反了。想要表达的意思应该是"隐患"比"明火"危害更大。"胜于"可改为"甚于"或"险于"，即"隐患甚于明火"，或"隐患险于明火"。这样意思就正确了。文言以简洁胜。尝试进行文言文写作，有助于训练学生语言表达得准确简明。从日常生活中的语言运用入手，深入感知文言的价值，激发写作兴趣，这是第一步。

接着，一试身手，下笔成文。在选修课“中国古代诗歌散文欣赏”的教学中，我布置了尝试用文言写文章的作业。写作要求是：借鉴苏洵的《六国论》，以“中华富强论”为题，写一篇文言文。

再次，修改提升，组文成章。在习作交上来后，侧重思想内容和语言表达两方面的修改指导，尤其是语言表达的正确、准确方面。引领学生体会实词、虚词、句式、修辞等的用法。重在过程，学生的阅读写作能力会在这一环节得到切实的提升。

最后，开办文展，互学共进。将优秀的习作展出，大家互相交流，取长补短，共同进步。

为鼓励弟子奋进，我特意写了序文，阐述了尝试用文言写作的意义。现将序文和几篇习作摘录如下，以供参学——

序

或曰：“方今之时，学子为文以文言，有益乎?”

曰：“其益大矣！寻本溯源，本固源开，是学之正道也。”

文言乃中华文化之滥觞，白话者，其流也。仓颉之初作书，依类象形，故谓之文。其后形声相益即谓之字。中华文字，音形义合一，汉字品质，无可伦比。然古人作文皆以文言，悠悠五千年，浩浩汉文化，文以载之，言以传之。不晓古文无以深语华夏文明，不通古文，无以深厚素养学问。重白话而轻文言，弃源取流之学也，终为小器。

读书作文，教之重也。教学古文者，读而不书，译而不作，若雾里观竹，卒难明也。其文字语规，辞义契合，行文纲要，唯秉笔成文，方得其旨。心生而言立，言立而文彰，能文自通焉。一举两利，其益大矣！

凡付诸竹帛者皆为文学，若依此说，则弟子之文亦可并入文学之列矣。然余亦知其稚幼，暂不论言之有物，言之有序，论推之深，仅以文从字顺而言，遂有大病：文白夹杂者易见，辞不达意者难免，前言不继后语者时出……

或曰："既已知之，何为之乎？"

曰："其意不在近，而在远。"

文之为德也大矣。韩柳欧苏，古文大家，言三才正道，赋万物风情。观之止矣，岂可不读？读书可长智、明理、怡情；而下笔则易达古人为文之旨，易察古人命意用心之微，易晓古人寄情达理之诚。夫如是，则愈加景慕汉文化之雄浑瑰丽，愈加衷敬汉文学之博大深美。其心其志，其情其趣，必属华族也。铸华夏魂，塑中华心，为文育人，大可为也！

弟子牛刀初试，微露锋芒。论国之富强，虽为管窥，亦偶有灼见。拳拳赤子之心，耿耿强国之志，溢于言矣。其笔力纵横，才思驰骋，辞采谋篇，已略显气象…… 感念诸弟子文心才情，遂开文展以示，兼勖弟子。

是为序。

国文教师佟世祥于丁酉仲春

附录2 人大附中优秀文言文习作选

中华富强论

人大附中 郭伊阳

中华富强之根本，在于树人。树人而铸民族精魂，富强之道也。

夫我中华万民，全民可塑，其中尤以少年为堪就之才。使少年志存高远，心怀天下，则今后定有作为。梁任公曰："少年智则国智，少年强则国强。"滚滚东水，声震四野；阵阵春雷，横彻八荒。少年乃中华之希望，育人重在育少年。

树人者，使其重育人格、砥砺品行。纵观上下五千载中华历史，凡风起云涌之处、大潮猛进之时，必有君子人格熠熠闪光。大象无形，大音希声。格致诚正，修齐治平，青莲居士之玉鞍金鼓，少陵野老之秋风茅屋，稼轩之挑灯看剑，文山之浩然正气，则徐之铮铮铁骨，嗣同之肝胆昆仑，皆为中华人格之高峰。故曰：君子人格之传承发展，非独涵养个人之风度，实乃树立中华之精魂也。

树人者，使其学兼中西，温故知新。四大发明，中华于世界文明之贡献也。工业革命，原子核能，西洋诸国一度领先之主因也。发扬民族文化之菁华，撷取全球科技之荟萃，人杰地灵皆会于我大中华，其民族不复兴国家不富强欤？然观之今朝，亦有学子远渡重洋，辘辘远听不知其所之也，或英美，或日德，凡出国修学者鲜有归也。呜呼，此非人才外流哉！谨望少年以变通之战术响应坚守之战略，根系本土，勿忘所出。

嗟乎！优秀人格与丰厚学养，乃一人建树辉煌之双翼。人固有之，国亦宜然。古人云："十年树木，百年树人。"此言得之。使年年育人，代代树人，中华则递三世可至万世而屹立世界民族之林。中华品德，厚可载物；中华精神，自强不息；中华性格，刚健峻拔；中华心态，自信自谦。少年承之，宜可出膺大任，为中流之砥柱。代人光之，则中华之隆如东方之既白矣。

中华富强论

人大附中　刘子加

泱泱中华，五千年矣。今欲国之强盛，必依乎人才。人才咸集而各尽其谋，竭其力，中华富强之道也。或曰：军事与经济，其非可以兴国耶？曰：人才乃军事、经济之本也。盖社会之建设皆依乎人，人强则国强。故曰：富强之道，重在人才也。

人才，集德才智于一身者也。世言："修身齐家治国平天下。”以修身为本，故人才必以德为先，无德者如无源之水，不可谓之人才矣。次之，人才必负非凡才学且经世致用，以其之所学化之为其所用，致力于国。昔玄德为求卧龙而三顾茅庐，孟德赋诗以抒其求贤心切。古人欲得人才以治国，如此之至矣。然庄宗远贤臣而独幸伶人，始速祸而身殁国亡，弊在不择贤而任之。故亲贤而重人才者，乃可以兴国也。

军事、经济之强，皆赖乎人事。人才可以其所学为国献善道谏雅言，则国有以利其器，壮其兵，致国富民安，无忧无患。人才亦可为国而兴教育，以开民智，民得治则社会必良。方中华百年积弱之时，钱学森欲归国于美，而数受劫。卒渡重洋，归而效力于祖国之军事科技，为国铸火箭，制导弹，令举世诸国皆为之刮目，可谓壮哉！是以原中华军事崛起之迹，皆自于人。故曰：人强则国强也。

方今之时，诸国之争亦可谓之曰人才之争也。前人云：“十年树木，百年树人。”一国得众人才如钱学森与卧龙之伦，固属难能。而今吾闻无数青年十年寒窗学成，未尝为中华富强尽一己之力，而皆流失于海外诸国，不亦悲夫！使中华教育振兴而无使人才流失，则英才济济，真才辈出，举天下之强国莫能与之争，则中华富强之日，为时不远矣。

是故，人才集而忠则国势必张，此乃中华富强之道也。

中华富强论

人大附中　傅小勇

中华富强之要义，率在文化之兴。文化乃兴国之魂，或曰：经济未振，何兴文化焉？曰：文化兴而经济振。故曰：文化兴则国盛也。

人乃国之本，文化乃立人之根。古人云：十年树木，百年树人。文化，其用者潜移默化也，其利者千秋也。是故文化之功不见于当世。然人无远虑，必有近忧。中华之富强，不在一时，不在一世，而宜远瞻，方知文化之妙。彼急求功而近利者，逐金随物者，虽富强一时，终没于后世。惟明文化之义者，晓兴衰成败之理者，其为富强可至万世。本其原，根其因，为文化立人所成就耳。人既立，理既成，代代传承，则至万世。财物经济之属虽立，不可久持，常毁于旦夕。君不见美利坚合众国之昔日？然金融危机方至，则民不聊生，饿殍有之。苟以美国之强，尚不能抵一危机，以经济为富强之要义，岂不谬哉？荀子《劝学》云："南方有鸟焉，名曰蒙鸠，以羽为巢，而编之以发，系之苇苕。风至苕折，卵破子死。巢非不完也，所系者然也。"立于文化之基，如立于高山之上，临百仞之渊；无立于文化之基，犹筑空中楼阁，危危乎不知其所之也。君子慎其所立，民族亦然。以立人为本，以文化为基，则民族富强，可计日而待也。

余观夫近代之故事，仁人志士救亡图存之历史，未尝不叹惜。方清之将尽，或以中学为体，西学为用，而求自强。然亡朝破家相随属，而中华之危机甚而不缓者，何哉？此不知文化兴之理也。文化不兴，人不立，纵有坚船利炮，万丈之城，犹无用也。文化者，能力也。他物者，工具也。以文化之不兴驾器物之先盛，如婴儿之持倚天，为天下笑也。

呜呼！以近代志士之贤，举国之力，首兴文化，不足三世，即可雄于天下也。嗟乎泱泱大国，悠悠华夏，文化不兴，亦无胜于他国也。

方今之时，唯以文化为本，方振中华。故曰：文化兴则国兴，文化强则国强。美哉，我文化中华，与天不老！壮哉，我中华文化，与国无疆！

中华富强论

人大附中　郭文硕

中华富强，非经济盛，教育优，重在军事。军事强而国威，富强之道也。或曰：中华兴盛，率强军事耶？曰：不强军事者犹如无干之树，盖失强势所倚，不能独盛。故曰：重在军事矣。

夫中华之富强，非独一国而强也，乃处世界各国之包围竞争中而求强。故军事疲软，小则无立足之地，发言之权，仅可唯唯诺诺；大则为他国所侵，国之不保，何谈富强？观今美之强大，掌世界发展之咽喉，控全球经济之命脉，各国之人才争相而往，何其威武！视其军事，海陆空无不强霸。其军火数目之巨大，武器装备之先进，军队实战之智勇，无国可及，无国可挡。至于居霸主之位，国富民强，理固宜然。人云：本固而荣。强军即固本，军强而国威，国威而势盛，势盛而有力，发展经济，振兴教育，直至富强。

清史屈辱旧事，至于签约，割地，赔款，何哉？不强军事也。外军来侵，无强军以战，徒奉金银城池而送之。思厥先祖父，栉风沐雨茹苦含辛，而有尺寸之地，子孙却将其双手奉送与外族，何其痛也！今日割地，明日赔款，然后得一夕安寝。起视四境，而他国之兵又至矣。最苦莫过于百姓，哀国之殇而无军以力击。向使清政府拨银以强军，以强军对侵敌，则胜负之数，存亡之理，未可知也。故曰：国之无强军犹树之无枝干，必不能盛也。

呜呼！有强军则如虎豹威武于世界之林，无强军则似肥肉任人宰割无力反击。强军之有无，关乎国之盛衰，民族之富贫。悲夫！若早明此理，以宫廷之金银，养强大之军队，以赏玩之闲心，忧国运之所忧，居安思危，强军富国，中华之近代史又何至有此屈辱悲哀！曰："先天下之忧而忧，后天下之乐而乐。"为国者无使为安乐之表象所溺哉！

强军乃一国之本，本立而富强之道生。军强而势盛，势盛而国强。愿谨记民族之旧事而鉴今！

中华富强论

人大附中　李佳润

中华之富强，贵在厚德、明法。

顺本心而无违自然之道者，谓之德；范天下之不一而归于一者，谓之法。德以尊崇圣贤为上，法以讲求正义为本。然德、法皆为治国之根本，失其一则富强远矣。

子曰：“为政以德，譬如北辰，居其所而众星共之。”自夏始，天子以德理政，而国顺民安，男分女归，天下太平。然周尊礼重信之道不复，诸侯混战，天下为家，大道既隐。礼崩乐坏，德义尽丧，人心不宁而国渐衰微。是其以德治世之故哉？然至秦，商鞅立严法，以酷吏束万千子民。嬴虽扫六合而得天下，终致动荡变革屡行，二世而短亡。

是故周以德治而衰颓，秦以法治而暴亡，何为也？谓之曰，失法之德治，空有其言而丧其惩戒之威，防君子不防小人哉，不可；失德之法治，有若背民心而使之道路以目，背社稷之根本，亦不可。故治国之道，当厚其德，明其法。德以贤者为尊，倡修身养性，多求高尚之品格；法以公之利者为砥，方井然有序，常现正义之价值。以德之教化之用，固法之规范之效；以法安天下，以德润民心，此谓中华富强之本也。

今之日，为政者扬核心价值观为国之准则，社会之基石，诚哉高明。古人云：万变不离其宗。泱泱大国，屹万世而雄于天地，中华之所以富强者，厚德明法而已。

【结语】学习文言文有难易乎？为之，则难者亦易矣；不为，则易者亦难矣。诵读，积累，领悟，阅读写作兼顾，其能力自会与日俱进，并可从中获得学习之乐。

第四讲

议论文写作教与学

【导语】中学，尤其是高中，语文写作的主要任务，是能写一篇成熟的议论文。这一讲，我们进行议论文写作指导。

【讲授】我们要知道什么是议论文。文学概论上的说法是：议论文是以议论为主要表达方式，通过摆事实、讲道理，直接表达作者的观点和主张的常用文体。简洁的定义在这里：议论文者，有理有据也。

写议论文要做到有理有据来论证自己的观点，使人信服。所谓有理，就是讲道理，分析其中的因果逻辑，以理服人，使人服。所谓有据，就是摆出事实，证明论点，事实胜于雄辩，使人信。使人信服，读者就会认同文章的观点，写作的目的也就达到了。

一、　议论文定义

【板书】议论文者，有理有据也

有理：讲道理—以理服人—使人服

有据：摆事实—事实说话—使人信

【讲授】俗话说："天下文章一大抄，看你会抄不会抄。"此话不无道理，但关键是向谁抄，怎么抄，即抄的艺术。我想起下面一段话：

> 以前在书店里常常可以看见有所谓《读书秘诀》《作文秘诀》之类的小册子，内容毫无价值，目的只是骗人。但是，有些读者贪图省力，不肯下苦工夫，一见有这些秘诀，满心欢喜，结果就不免上当。……
>
> 历来真正做学问有成就的学者，都不懂得什么秘诀，你即便问他，他也说不出。
>
> ——马南邨《不要秘诀的秘诀》

写作无捷径，世上没有“葵花宝典”之类的作文秘诀，但写作有正道。正道在哪里？在这里——古文大家的文章里。

我的主张是：跟古文大家学写作。

二、 八股文管窥

谁是古文大家？以唐宋八大家为代表的历代散文家。他们的文章，就是我们学习的范文。除此以外，别无正途。若谁说有，那他指出的道路一定是斜道，跟着学会走弯路。

如果我说，写议论文要向古代八股文学，你是否赞同呢？我推测，反对的人不会少。八股文确有刻板的形式束缚，但其思路的严密，逻辑的缜密，结构的严整，都值得我们学习。请看科举取试中的八股文格式要求——

八股文的固定格式

八股全文由破题、承题、起讲、入题、起股、中股、后股、束股、大结等部分组成。

破题——以两句散行文字，将题目字面意义破释。

承题——用四五句散行文字，将破题中紧要之意，承接而下，引申而言，使之晓畅。要求明快关联，不可脱节。

起讲——又叫小讲、原起，以散行浑写题意，笼罩全局。

入题——又叫入手、提笔、领上、领题，作用是从上文引到本题。

起股——又叫起比、题比、提股、前股。用四五句或八九句双行文字，开始发议论。两扇句式必须相同，要求相对成文，形成排偶。中股、后股、束股也是如此。

中股——又叫中比，句式双行，多少无定制。内容是全篇的重心所在，必须尽情发挥，进一步搜剔题中正反神理奥妙，要求锁上关下，轻松灵活，宜虚不宜实。

后股——又叫后比，句式双行，多少无定制。作用是畅发中比所未尽，或推开，或垫衬，要求庄重踏实，振起全篇精神。

束股——又叫束比。双行，每扇二三句或四五句。用来回应、提醒全篇而加以收束。

大结——为全文结束语，散行，不一定用对偶。不用圣贤口气，可以发挥己意。明人大结每及时事，往往触讳忌。清代废去，改为三四句收束。又叫收结或落下。

八股文的字数也有限定。明初制度：乡试、会试，用“五经”义一道（题），500 字。“四书”义一道（题），300 字。清康熙时要求 550 字，乾隆以后一律以 700 字为准。书写亦有格式。

八股文虽有大量排偶，却不是骈体文，不用四六句式，不求押韵，不事藻饰。通常禁用类似诗赋中的形容、描写、夸张及华丽的词语。

明清两代，八股文是几乎所有官私学校的必修课。从童试到乡试、会试都要用它。不会写八股文，就无法通过科举考试，就难以得官。

文章之道，正反开合。起承转合，为文之法。

【过渡】八股文是什么样子呢？我们来看一篇状元文章，便知梗概。

清末状元刘春霖的试卷

［第四场考题］

学堂之设，其旨有三，所以造就国民、造就人才、振兴实业。国民不能自立，必立学以教之。使皆有善良之德、忠爱之心、自养之技能、必需之知识。盖东西各国所同，日本则尤重尚武精神，此陶铸国民之教育也。讲求政治、法律、理财、外交诸专门以备任使，此造就人才之教育也。分设农工商矿诸学以期富国利民，此振兴实业之教育也。三者孰为最急策？

［刘春霖答卷］

环地球而国者以数十计，其盛衰存亡之数不一端，而大原必起于教育，故学堂者东西各国之所同重也。学堂之设大致有三，曰陶铸国民，曰造就人才，曰振兴实业，三者不可偏废。而立学者必自度其国家之性质，以为缓急之端。

今中国因积弱之弊，欲以学成与列强竞存，则必以陶铸国民为第一要义。何者？国民之资格不成则国不可立。虽有人才，可以为我用，亦可为人用。虽有实业，可以为我有，亦可以为人有。

所谓国民者，有善良之德，有忠爱之心，有自养之技能，有必需之知识。知此身与国家之关系，对国家之义务。以一身为国家所公有而不敢自私，以一身为国家所独有而不敢媚外。

凡为国家之敌者，虽有圣贤，亦必竭其才力与之抗，至于粉身绝脰［颈、头］而不悔，终不肯以毛发利益让之于人。以此资格教成全国人民，虽有强邻悍族，亦将敛步夺气而不敢犯。然后人才可兴，实业可振也。

中国以重文轻武之故，民气靡弱偷惰，谋私利不谋公益，无善良之德，视国事不干己事。无忠爱之心，专事分利；无自养之技能，未习溥通，无必需之知识。稍有解外国语言而习其事者，则相与服属外人而为之伥。于此而欲造就人才、振兴实业，不亦难乎?

方今欲建学校以图富强，非鼓其特立之精神不足以挽回积习。日本与我同处亚东，其弊亦在改相类，今一变而跻于列强之次者，亦以重尚武之精神也。夫今日人才稍乏可谓极矣：政治废弛、法律繁乱、财政竭蹶、外交失误，则设专门以储才，固当务之急矣。

然窃谓：即有人才而庶政亦不能善。何也？一人修之，百人拱之，其势必不能胜。古之立国，惟恃有二三豪杰。今之立国，则恃有全国之国民。不然，愚民百万谓之无民，以与文明诸大国争衡，虽有英雄，岂能措其乎哉!

至于农工之业，拘守故辙，商矿之利，见夺外人。以中国人力之多，物产之博，苟分设各学致富之道，尤可翘足而待。然兴一事必招洋股，创一利适资他族，皆其民无特立之质，故利未兴而害乘之矣。

由是以观，则知必养成完备之国民，然后人才为我国人才，非它国之人才；实业为我国之实业，非异国之实业。日本教育家福泽谕吉尝以“独立自尊”一语为教育最大纲领，其即此意。也欤！

［皇帝御批］第一甲（第一名）

【讲授】先从立意上看，在这篇策论中，刘春霖敢于针砭时政。他清醒地指出清末国家积弱积贫、财政竭蹶、政治废弛、法律繁乱、外交失误、媚外丧利、民气靡弱、谋私利不谋公益等种种社会问题。明确指出："我国人才"应该是"完备之国民"，即"知此身与国家之关系，对国家之义务。以一身为国家所公有而不敢自私，以一身为国家所独有而不敢媚外"。教育的急务是培养出这样的人才：凡为国家之敌者，虽有圣哲，亦必竭其才力与之抗（争），至于粉身碎骨而不悔，终不肯以毛发利益让于（外）人。刘春霖进一步阐述，有了这种国民，则"虽有强邻悍族，亦将敛步夺气而不敢犯"。此文落笔清末，而今，刘春霖等才子贤人期盼中华民族跻身世界之强的理想已经实现。但他的这种忧国忧民的爱国主义教育观，以及独立自主、自力更生的中华精神，仍似晨钟暮鼓，具有警世意义。

再从行文上看，本文从题目入手，开宗明义——以陶铸国民为第一要义。开篇讲究义理，观点明确。真正的好文章，一定要鲜明而有力地拥护那些应当拥护的东西，同时也一定要鲜明而有力地反对那些应当反对的东西。这才会是生气勃勃的好文章。接着承讲入手，破题阐释核心概念，申明陶铸国民之意义。起股从现状入手，通过国民颓惰之现状，言陶铸国民的意义——人才可兴，实业可振。中股从逻辑上宕开一笔，言国家现实贫弱，造就人才固然是当务之急，后股推论，从反面讲不陶铸国民，则造就人才无益。进而举证农工之业，指出不陶铸国民则振兴实业有害。造就国民、造就人才、振兴实业，三者孰为最急策？至此论证明晰，有理有据，言之凿凿，不容辩驳。全篇论证逻辑缜密，正反开阖，承转自然，确是妙文。

三、　跟古文大家学思路结构

【讲授】跟古文大家学写作。高中课文里有两篇文章：韩愈的《师说》和欧阳修的《伶官传序》。这两篇文章可作为起承转合行文思路的典范。

【板书】行文结构：起承转合

结构式一：

起：简洁入题　提出论点　　承：阐明道理　论述观点

转：联系实际　充分论证　　合：回应全篇　结语收合

结构式二：

起：简洁入题　提出论点　　承：联系实际　充分论证

转：阐明道理　论述观点　　合：回应全篇　结语收合

【讲授】试将两文作结构分析——

师　说

［唐］韩愈

【起】古之学者必有师。

【承】师者，所以传道受业解惑也。人非生而知之者，孰能无惑？惑而不从师，其为惑也，终不解矣。生乎吾前，其闻道也固先乎吾，吾从而师之；生乎吾后，其闻道也亦先乎吾，吾从而师之。吾师道也，夫庸知其年之先后生于吾乎？是故无贵无贱，无长无少，道之所存，师之所存也。

【转】嗟乎！师道之不传也久矣！欲人之无惑也难矣！古之圣人，其出人也远矣，犹且从师而问焉；今之众人，其下圣人也亦远矣，而耻学于师。是故圣益圣，愚益愚。圣人之所以为圣，愚人之所以为愚，其皆出于此乎？爱其子，择师而教之；于其身也，则耻师焉，惑矣。彼童子之师，授之书而习其句读者，非吾所谓传其道解其惑者也。句读之不知，惑之不解，或师焉，或不焉，小学而大遗，吾未见其明也。巫医乐师百工之人，不耻相师。士大夫之族，曰师曰弟子云者，则群聚而笑之。问之，则曰："彼与彼年相若也，道相似也，位卑则足羞，官盛则近谀。"呜呼！师道之不复，可知矣。巫医乐师百工之人，君子不齿，今其智乃反不能及，其可怪也欤！

圣人无常师。孔子师郯子、苌弘、师襄、老聃。郯子之徒，其贤不及孔子。孔子曰：三人行，则必有我师。是故弟子不必不如师，师不必贤于弟子，闻道有先后，术业有专攻，如是而已。

【合】李氏子蟠，年十七，好古文，六艺经传皆通习之，不拘于时，学于余。余嘉其能行古道，作《师说》以贻之。

伶官传序

［北宋］欧阳修

【起】呜呼！盛衰之理，虽曰天命，岂非人事哉！原庄宗之所以得天下，与其所以失之者，可以知之矣。

【承】世言晋王之将终也，以三矢赐庄宗而告之曰："梁，吾仇也；燕王，吾所立，契丹与吾约为兄弟，而皆背晋以归梁。此三者，吾遗恨也。与尔三矢，尔其无忘乃父之志！"庄宗受而藏之于庙，其后用兵，则遣从事以一少牢告庙，请其矢，盛以锦囊，负而前驱，及凯旋而纳之。

方其系燕父子以组，函梁君臣之首，入于太庙，还矢先王，而告以成功，其意气之盛，可谓壮哉！及仇雠已灭，天下已定，一夫夜呼，乱者四应，仓皇东出，未及见贼而士卒离散，君臣相顾，不知所归，至于誓天断发，泣下沾襟，何其衰也！

【转】岂得之难而失之易欤？抑本其成败之迹，而皆自于人欤？《书》曰："满招损，谦得益。"忧劳可以兴国，逸豫可以亡身，自然之理也。故方其盛也，举天下之豪杰，莫能与之争；及其衰也，数十伶人困之，而身死国灭，为天下笑。

【合】夫祸患常积于忽微，而智勇多困于所溺，岂独伶人也哉！

【讲授】韩愈《师说》一文：［起］开宗明义，提出论点——古之学者必有师。［承］论述分析，为什么古代求学的人一定要有老师。人非生而知之者，有惑而不从师，惑终不得解。那么，谁是老师呢？无论贵贱老少，道理存在的地方，就是老师存在的地方。道理讲得具体深入，以理服人。［转］联系实际，证明论点。采用对比法，如古之圣人与今之众人，巫医乐师百工之人与士大夫之族，进行正反论证，鲜明有力。又采用例证法，举圣人孔子无常师这一无可辩驳的事例，证明求学的人都要从师这一观点，真实可信。［合］申明写作目的，收束全文。

欧阳修《伶官传序》一文：［起］用反问句简明提出论点——盛衰之理，由于人事。［承］列举庄宗得天下与失天下的历史事实，证明盛衰之理，在于人为的观点。［转］阐述观点，正反说理。忧劳兴国，逸豫亡身，是自然之理。［合］祸患从细小的事物累积而起，智勇多被过分贪恋的事物困扰，岂止是伶人呢？启人深思，结束全篇。

虽然这两篇文章与我们今天的议论文要求有差别，但本质无别。有理有据，起承转合，古今一也。此中有行文之法，不可忽也。

【过渡】那么，写议论文该怎样立意谋篇呢？我们以“污泥与莲”这则材料为主例，完成议论文写作规程的具体讲解。

【板书】议论文写作规程：如何写规范的议论文

【展示】题目 1

污泥与莲

翠盖红妆浥露妍，花之君子水中仙。

共夸不受污泥染，没有污泥哪有莲？

要求：阅读《污泥与莲》一诗，联系社会生活实际，写一篇不少于 800 字的议论文。

【讲授】就命题形式来说，大致分为两类：命题作文和给材料作文。我们从给材料作文讲起，若此种形式掌握好，命题作文就顺带着讲解了，一举两得。给材料作文的第一步：精读材料，把握主旨。

【板书】审题立意：精读材料　把握主旨

【思问】这则材料的主旨是什么？

【讲授】这是一首五言绝句，理解起来有一定难度。[起] 翠盖红妆浥露妍。“翠盖”是说莲的叶子如盖，“田田的叶子”。“红妆”是莲花有红硕的花朵。“浥露妍”，在水露的滋润下更加美丽。[承] 花之君子水中仙。人们称赞荷花是花中的君子、水中的仙子。诗的前两句是赞莲花美丽。[转] 共夸不受污泥染。人们都夸莲花有“出淤泥而不染”的品质。[合] 没有污泥哪有莲？没有水下的污泥，哪有翠盖红妆的莲花？这首诗是赞莲花

“出淤泥而不染，濯清涟而不妖”吗？显然不是。可为什么有些同学将诗的主题理解为周敦颐《爱莲说》的主题呢？大概是先入为主，只看其表，不识其里吧。按诗的起承转合思路，起承是铺垫，转合出主题，这是一般规律。人们都夸莲花不受水下淤泥的污染，可是，没有污泥哪会有出污泥而不染的莲花？如同说，没有母亲哪有我们？诗的主题是污泥赞，称赞污泥对莲花的养育之功——默默无闻，无私奉献。

我们再看诗的题目——污泥与莲，表意重心也很明显，重心在污泥，不在莲花。比较一下这两句有何区别：今天，周（恩来）总理与我们在一起。今天，我们与周总理在一起。第一句表意在人民的领袖爱人民，重心在周总理；第二句表意在我们爱戴人民的领袖，重心在我们。“污泥与莲”，表意重心在污泥，不是显而可见吗？我们将这称为语感，语感不是只凭感觉，它是长期的阅读积累所形成的对语言文字理解精准的感觉。

【板书】

分析材料：

前两句为铺垫，后两句是主旨

突出污泥的重要作用：默默无闻　无私奉献

【讲授】诗的主题是称赞默默奉献的污泥。联系生活实际，在现实生活中，具有污泥般精神品质的人是谁呢？这样一想就豁然开朗了：我们不能忘记生活中默默奉献的人。他们就是人梯，是社会前进的铺路石。他们易被忽视遗忘，值得我们时时记起。给材料作文的第二步：依据材料主旨，确立论点。分析至此，立意可出：我们在赞美成功者的同时，不要也不该冷淡那些默默无闻的无私奉献者。

【板书】立意：我们在赞美成功者的同时，不要也不该冷淡那些默默无闻的无私奉献者

【过渡】审题立意完成后，就要谋篇行文了。拟题是必不可少的环节。若要求题目自拟，那么，给自己的文章拟一个好题目就成为关键。我们以下面这则材料为例，进行拟题训练——

【展示】题目 2

阅读下面的材料，根据要求作文。

当今社会，一种浮躁之风越刮越烈。刚唱了一两首受欢迎的歌，就称为歌星；刚写了几篇有影响的文章，就戴上了作家的桂冠；刚演了一两部上座率较高的电影、电视剧，就冠以艺术家的头衔……在这种风气的影响下，认认真真做事、踏踏实实工作的人少了，在自己所从事的领域中攀登顶峰的人很少见到了。

关于“浮躁”，你有怎样的理解与思考？联系实际，写一篇议论文。

要求：（1）立意自定；（2）文体自选；（3）题目自拟；（4）不少于 800 字。

【板书】议论文拟题训练——题好一半文

【讲授】我们都有这样的阅读习惯和体会：拿到一本书或一本杂志，先看文章题目，哪个题目新颖而富有个性，我们就先读哪篇文章，一睹为快。几年前，我买来《读者》这本杂志，浏览目录，一篇题目为《汉语，我想对你哭》的文章吸引了我，出于职业的敏感，我推测文章内容与我的教学有关，就先看了这篇文章，作者笔名是北国骑士，内容我至今记忆犹新，这就是好题目的作用。

顾名思义：题者，额也；目者，眼也。人美在眼睛，文美在标题，题好一半文。写作要求：给自己的文章拟一个简洁明确或有创意、有文采的题目。

【板书】拟题要求：拟一个简洁明确或有创意、有文采的题目

【展示】拟题集锦

1. 认认真真做事　踏踏实实为人
2. 戒浮戒躁　脚踏实地
3. 铅华褪尽　方显本色
4. 浮躁业难立　谦谨功自成
5. 走出浮躁的误区
6. 工欲立其业　必先主其心
7. 心中有主　身立业成

8. 宠辱沉浮　心中有主

9. 不做随波人

10. 恒星，流星?

11. 浮躁之风何时了?

12. 浮躁之声几时休?

13. 根不深何以求木茂?

14. 蚓与蟹

15. 用心一　事乃成

16. 吹尽黄沙始到金

17. 非宁静无以致远

18. 浮华散尽见真功

19. 浮云蔽日心自明

20. 我自岿然不动

21. 任尔东西南北风

22. 浮躁——脱轨的列车

23. 沉淀之美

24. 浮躁者戒

25. 浮与沉

【解说】这是学生的拟题集录。有的从材料摘录，如“认认真真做事　踏踏实实为人”；有的从旁引用，如“非宁静无以致远”；有的化用名句，如“浮躁之风何时了?”；有的使用比喻，如“浮躁——脱轨的列车”；有的使用整句，如“戒浮戒躁　脚踏实地”……

【过渡】实践出方法。从这些拟题中，我们可以得出具体的拟题方法——

【板书】怎样拟好议论文的题目

(1) 短语短句　直入正题

(2) 使用整句　简洁明确

(3) 借助比喻　生动形象

(4) 引用名句　增色生辉

(5) 化用名句　推陈出新

…………

【展示】题目3

(全国卷) 作文题目：阅读下面的文字，根据要求作文。(60分)

> 宋国有个富人，一天大雨，把他家的墙淋坏了。他儿子说：“不修好，一定会有人来偷窃。”邻居家的一位老人也这样说。晚上，富人家里果然丢失了很多东西。富人觉得他儿子很聪明，而怀疑是邻居家老人偷的。

以上是《韩非子》中的一个寓言。直到今天，我们仍然可以在现实生活中听到类似的故事；但是，也常见到许多不同的甚至相反的情况。我们在认识事物和处理问题的时候，感情上的亲疏远近和对事物认知的正误深浅有没有关系呢？是什么关系呢？请就“感情亲疏和对事物的认知”这个话题写一篇文章。

【展示】拟题集锦

1. 情感与理智

2. 理智与感情的天平

3. 心中的天平

4. 理智的美

5. 感情让我们选择

6. 把握感情　认知事物

7. 感情是帆　认知是船

8. 真情诚可贵　理智价更高

9. 血浓于水　理大于情

10. 莫让情云遮慧眼

11. 感时花溅泪

12. 天平和七弦琴

13. 唯亲与唯贤

14. 不唯亲　不唯情　只唯实

15. 请勿“爱屋及乌”

16. 怎一个“情”字了得

17. 岂因“亲疏”避趋之

18. 月是故乡明

19. 情人眼里出西施

20. 拭去眼前的浮尘

21. 让心作主

22. 公则生明

【解说】我发现，有的同学写作文，先写正文，后拟题目。考试时情急之下，随意拟一个题目应付，有时时间不够了，甚至没有题目。这些都是不该有的现象，属低级失误。有了拟题的方法指导和训练，拟题就不该再是一个难题了。同学们需多多练习，形成能力。

四、　行文章法——起承转合

【过渡】有了题目，就有了写作方向。下面讲文章的开头——

【板书】起：简洁入题　提出论点

【思问】怎样才能写一个好的开头呢?

【讲授】万事开头难，写文章也是。有的同学开头就要用去十几分钟，这就用时过长了。古人写文章讲求“凤头”——简洁新颖，这是写作首段的基本原则。仍以题目 1 为例，作具体讲解。

“共夸不受污泥染，没有污泥哪有莲?”《污泥与莲》一诗充分肯定了污泥的重要作用。的确，莲花洁宝贵，污泥品更高。它启示我们，在赞美成功者的同时，不要也不该冷淡那些默默无闻的无私奉献者。

【解说】荀子曰："君子生非异也，善假于物也。"文章开头从所给材料入手，不失为一种"借力"的好方法。精当引述材料，再作点睛分析，接着提出观点，思路清晰连贯，值得提倡。"莲花洁宝贵，污泥品更高"，十个字分析恰当，像宝石一样，在首段熠熠发光，是精彩之笔。开头需要注意的是，忌冗长。请记住：起承转合不是段落的限定，而是思路的安排。当然，为了观点醒目，文章开头也可安排两个自然段。

【过渡】大文章全凭起首。怎样才能迅速将开头写精彩呢？我们以下面这则材料为例，介绍几种常见的开头方法，以供参学。

【展示】题目 4

阅读下面的材料，根据要求作文。

元代大学者许衡一日外出，因天气炎热，口渴难忍。路边正好有一棵梨树，行人纷纷去摘梨，唯独许衡不为所动。有人便问："何不摘梨以解渴？"他答道："不是自己的梨，岂能乱摘？"那人笑其迂腐："世道这样乱，管它是谁的梨？"

许衡正色道："梨虽无主，我心有主。"

"我心有主"，意味着一个人能够坚持自己的主见，恪守自己的操行，排除外界的干扰和诱惑，不为外物所役，不为名利所困。

关于“我心有主”，联系社会生活，你有怎样的认识、理解和思考？请写一篇议论文。

要求：（1）立意自定；（2）文体自选；（3）题目自拟；（4）不少于800字。

【板书】之一：从题目、材料或话题入手

【展示】开头1

“梨虽无主，我心有主。”这表现了许衡作为一代大学者的修养和境界。在我们的现实生活中，追名逐利、贪赃枉法的人不在少数。在这样一个令人眼花缭乱的社会里，坚守原则，耐得住寂寞，是一个人成大器的重要条件。

【解说】从命题的材料入手，抓住关键句“梨虽无主，我心有主”，然后联系现实，提出观点：坚守原则，耐得住寂寞，是一个人成大器的重要条件。

【板书】之二：从人生事理入手

【展示】开头2

站在路口，你应该有自己的路标导向；面对选择，你应该有自己的人生准则；是非曲直，你应有自己的原则天平。我心有主，才可于阴霾中拨开浮云，才可在黑夜里守望黎明，才可于左右不定时找到定盘的星。不随波逐流，不为外物役使，心中有主事自明。

【解说】“站在路口…… 面对选择…… 是非曲直…… ”你该怎样做，这是一般的人生道理。以此为引子，引出“我心有主”的论题，再提出自己的论点：心中有主事自明。表达通畅，开笔甚好。

【板书】之三：从相关名言警句入手

【展示】开头 3

早在遥远的战国时代，荀子就告诫人们说：“不诱于誉，不恐于诽。”但 2 000 多年过去了，人们仍未能摆脱外物的纷扰，被外物牵绊的事也时有发生。其实，只要在虚虚实实的交往中恪守原则，在千变万化的世界上坚守住自我，很多事情自然就会明朗起来，正所谓“心中有主事自明”。

【展示】开头 4

诗云：“千磨万击还坚劲，任尔东西南北风。”一句铿锵有力的话令无数人折服，只因一个目标，一种境界，一种追求。“水动沙动石不动”自是禅语真言，“风动树动心不动”才是人生真谛。只有坚信浮云无根终消散，我心有主境自达，才能冲破尘俗，身立业成。

【解说】从名言警句入手，引出观点，是一种高明的开头方法。借助这一方法，我们可释放自己的文学积累，展现自己的知识面，从而赢得读者的青睐。开头 3 和开头 4，我都比较欣赏，前一个表达平朴，后一个言之有文。且开头 4 多用整句，语势流畅，文采飞扬，是开头中的精品。建议喜欢的同学把它背下来，以备习用。

【板书】之四：从现实生活入手

【展示】开头 5

“赶潮流”——这在当今确是一个时髦的词。追星族，赶韩流……不一而足。大江东去，逐流者多，弄潮者少。心中有主则能定乎内外之分，辨乎荣辱之境，是所谓：心中有主自逍遥。

【解说】在以上五个开头中，我最欣赏此段文字。它像一块温润的玉，有内涵深蕴。“赶潮流……追星族，赶韩流……”，笔切时弊；“定乎内外之分，辨乎荣辱之境”是引用，彰显文学积累；“逍遥”一词出自《庄子》，是文化元素。此段开篇，确是“凤头”，妙笔也！

【小结】议论文的开头方法有很多，在这里，我只介绍这四种常用的开头方法，以解决大家开头难的问题。

【板书】承：阐明道理 论述观点

【讲授】议论文是以议论为主的文章，要讲道理，以理服人，这是根本。而讲道理又是学生容易忽视和难做好的。学生的通病是：不会说理，只爱举例。于是，议论文就成了古今人物聚会。同学们的写作心理有着一个很大的误区，认为讲道理难，无从下手。其实，在现实生活中，人们每天都在进行着议论文写作思维的表达，只是它不够写成一篇文章罢了。举个例子：你早晨上学迟到了，最担心班主任在教室里，还存在侥幸心理，认为班主任未必在教室里。可是，事情的结局往往是这样：但愿不如所料，以为未必竟如所料，却每每恰如所料。一进教室，看见班主任正站在讲台上，你忐忑不安。当老师问你为什么迟到时，你的脑筋飞速旋转，说了下面一段话：我昨天因为写作业睡晚了，但早上并没有晚起。只是运气不佳，路上的红灯一个都没躲过。我一看要迟到，加快了蹬自行车的速度。欲速则不达，与路人擦碰了一下，耽误了几分钟，这才迟到了。今天迟到，我不是有意的。你看，这段话说得多有条理，理由多么充分。你要表达的观点是：今天上学迟到情有可原。为什么呢？从主观上讲，我不愿迟到，只是今天客观因素较多，红灯、与人擦碰，但是我仍尽力往学校赶，因此，情有可原。关于“迟到”一事的解释，分析原因较合情理，表达理由较充分，尽管有些牵强。写议论文的思维不就是因果关系的分析吗？因为这些客观原因和主观愿望，所以迟到情有可原。只是这件事不足成章而已。每个人每天都在进行着议论文写作的思维训练和表达，不用感到陌生。

议论文说理的思维路径是：为什么＋论点＝……

举例说明，为什么志当存高远？因为志存高远益处多多……而志存低近害处多多……所以，志当存高远。同学们把生活中的因果思维迁移到议论文写作中，自然有理可讲，有话可说。

【展示】题目 1 说理文段

“出淤泥而不染，濯清涟而不妖。”周敦颐的《爱莲说》颇深入人心。“花之君子水中仙”，千百年来，莲一直是文人雅士歌咏的对象。殊不知，最应该记住的最易忘记，谁记得母乳甜美的滋味？最应该算计的最易忘记，谁精心计算过先行者的无数血滴？“没有污泥哪有莲”，没有污泥的默默无闻，无私奉献，哪会有“翠盖红妆”的莲花？没有污泥母亲的孕育，怎会有莲的发芽、生根、长叶、开花、结果？污泥是母亲，是培育花之君子的温床。莲花可赞，污泥更可敬。

可是，人们往往青睐莲花而忽视污泥，这是人们思想认识上的误区。如果说莲的娇艳是一种成功，那么，默默无闻的污泥则是成功者的阶梯。所以，我们在赞美成功者的同时，不要冷淡那些默默无闻无私奉献的人。

【解说】为什么我们要赞污泥，要赞具有污泥般精神品质的人呢？

因为莲一直被歌颂，污泥常常被遗忘。而没有污泥，莲就失去了生存的土壤；污泥是培育花之君子的温床。所以，莲花可赞，污泥更可敬。“出淤泥而不染……歌咏的对象”是引语，“殊不知……无数血滴”是过渡，“‘没有污泥哪有莲’……开花、结果”是反面论述，“污泥是母亲……温床”是正面说理，末两句是结论。接下来，由污泥及人，指出具有默默奉献精神的人更值得尊敬赞美，紧扣论点，说理明晰。

有理，就要讲明道理——事理、情理、物理。有思想，有逻辑，会表达，就会理通人服。

【思问】说理有具体的方法吗？

【讲授】有！我们以题目 4 为例，讲几种说理的方法，以资使用。

【板书】第一，正反说理，对比鲜明

〖例文 1〗

心中有主见，能坚守自己的原则，是一个人走向成功的必备的精神品质。要做到心中有主见，就必须有清醒的理智去判断是非，有坚定的意志去抵御外界的压力和诱惑。只有这样，一个人才能充分独立地按照既定的目标去走自己的路，才能开拓进取，撑起属于自己的晴空。而那些总是跟在别人身后，别人说什么都随声附和，别人做什么都积极模仿的人，只能充当他人的影子，失去自我的价值。那些老是跟在流行风的后头，今天追明星，明天赶韩流的人，只能患得患失，永远不能走在社会前列，成为时代的先锋。不光是个人，一个国家也要有独立自主的精神，把握好本民族的发展方向，主宰好本民族的命运，不盲目追随大国，也不一味排外，这样才能真正健康发展，受到世界的尊重与瞩目。

【解说】我心有主，其利大矣；我心无主，其害大矣。正反说理是从正面分析其价值意义，从反面分析其危害后果。通过对比，是非分明，善恶昭彰，道理明晰，逻辑严密。正反说理是常用的一种说理方法。

【板书】第二，多角度分析，说理全面

〖例文 2〗

大江东去，逐流者多，弄潮者少。古往今来，流于世俗者多，恪守原则者少。“我心有主”是一种睿智，一种穿越时空、横亘古今的深邃与高远；“我心有主”是一种涵养，一种处变不惊、临阵不慌的气度与坦荡；“我心有主”是一种勇气，一种使出浑身解数竭力负担、呼出大气的魄力与形象；“我心有主”是一种力量，一种排斥流俗、弘扬正气的凸现与舒展。任尔东西南北风，我自岿然不动，需要的是一种大智慧，大勇气。欲正身立业者，必须把握好自己心中的天平，正所谓“工欲立其业，必先主其心”。

【解说】事物是复杂的，多层次、多侧面的。事理也是这样。从不同角度分析思考，就能获得不同的认识，进而使问题分析得全面深入。例如阐述“虚心使人进步”这个观点。“虚心”即不自以为是，能够接受别人的意见。从不同角度思考，可以获得以下不同的认识。虚心能使人听取不同的意见，改进工作；虚心能使人丰富自己的学识，学有长进；虚心能使人提高个人修养，雅量高致……虚心的人有胸怀，有学养，有修养。虚心能使人进步。此文段对“我心有主”作了多角度理解：它是一种睿智，一种涵养，一种勇气，一种力量。既然有这样大的意义价值，我们就需要做到心中有主。此文段说理充分，论点成立。

【板书】第三，层层推进，步步深入

〖例文 3〗

我心有“主”，有的是一种修养，一种品德，一种看透宠辱沉浮功名利禄的清醒，一种掌握心灵天平守志守节的执着，一种风起不摇水荡不动的定力，一种不以物喜不以己悲的豁达。“为人”做到心中有主，必定能在纷繁复杂的人生旅途中开拓一条坚定不移的宽阔的路，必定能在生活的任何阶段不浮不躁宠辱不惊。观他人之行，修自我之身，身处俗世不染纤尘，超越碌碌庸人，获得一份领悟生活的睿智，一个把握命运的灵魂。“立业”做到我心有主，必能在汹涌澎湃的竞争大潮中拔取头筹，把握时运先机，在成就中有节有制，在困境中方寸不乱，改革中有勇气，发展中有方向，成败中有定力。心中有主，就有了信念和精神，就能奠定钢筋水泥般的事业之基。“立国”做到心中有主，必定能在风云变幻的世界中奋然崛起，在兴衰荣辱间拄撑乾坤，在民族发展腾飞的伟大使命中不卑不亢，谦而不让。历史积淀成自豪，精神幻化成力量。心中有主就有了中流砥柱，在东方立起雄狮般强大的民族。可见，心中有主，主定于心，则身可立，业可成，国可定。

【解说】对论点的分析，可以按照由表及里、由浅入深、由低到高、由点到面的逻辑顺序，层层推进，步步深入。毛泽东的《反对自由主义》，首先提出我党与自由主义针锋相对的主张，然后分别从自由主义的表现、危害、根源、特征及性质诸方面加以分析论证，最后用“我们要用马克思主义的积极精神，克服消极的自由主义”，“这是思想战线的任务之一”作结。[①] 此文段从“为人”至“立业”，再到“立国”，逐步扩大，论述我心有主的重要意义，递进式展开，增强了说理力度。

【小结】议论的说理方法不止这三种，在具体文章中，其表现形式也变化多样。在写作中，这三种方法往往综合使用，不可拘囿。特别需要注意的是：说理议论，我们要做辩证分析，避免片面性。那么，怎样才能避免片面性呢？需要注意以下几点：

一是分析要全面。事物都有两面性，有时候只说一面，可能会引起误会，就还得说另一面。马南邨《不求甚解》一文，一方面指出，诸葛亮读书“观其大略”，比徐庶等人“务于精熟”高明，因为他“知识更广泛，了解问题更全面”；另一方面指出，“这也不是说，读书可以马马虎虎”，“观其大略同样需要

① 毛泽东．毛泽东选集：第一卷．2版．北京：人民出版社，1991：361．

认真读书，只是不死抠一字一句”，“不为某一局部而放弃了整体”。这样说就避免了片面性。鲁迅先生在《拿来主义》一文中阐述“拿来主义”者对待文化遗产的态度：“如果反对这宅子的旧主人，怕给他的东西染污了，徘徊不敢走进门，是孱头；勃然大怒，放一把火烧光，算是保存自己的清白，则是昏蛋。不过因为原是羡慕这宅子的旧主人的，而这回接受一切，欣欣然的蹩进卧室，大吸剩下的鸦片，那当然更是废物。‘拿来主义’者是全不这样的。”这也是辩证地分析。

二是要避免静止地看问题。世界上没有一成不变的事物，如果用静止的、孤立的眼光看待事物，就不能认识它的本质和规律，分析起来就无法得出正确的结论。例如“学习雷锋”这个口号，从提出到现在已经几十年了，在当前搞市场经济的情况下，怎样看待“雷锋精神”？还要不要发扬“雷锋精神”？如要发扬，该怎样做呢？这些都需要辩证地分析，然后付诸行动。

关于分析说理，到此先告一段落。

【板书】转：联系实际　充分论证

【过渡】有理——使人服；有据——使人信。下面我们主讲事实论证和事理论证，即例证和引证的写作方法。一般议论文，用得最多的是事实论证和事理论证。使用这两种论证方式是写作议论文的基本功，我们应该很好地学习掌握这一基本功。

【板书】其一，事实论证——例证

（1）论据的选择

【解说】论点是选择论据的方向，是唯一的选择标准。

【讲授】选择论据的事实必须具有典型意义，能够揭示事物本质，这样的论据才有说服力。有些同学写议论文，选用的事实材料，因为没有把握住观点和材料之间的关系，结果，材料不能证明论点。论点是作者对议论的问题提出的见解和主张，需要论据来证明，论据是为论点服务的，它必须与论点保持一致。因此，论点是选择论据的方向。以题目 1 选择论据为例：

【展示】论据集

（1）清洁工；（2）老师；（3）陪练；（4）交通警察；（5）词曲作者；（6）孟母；（7）居里夫人；（8）大禹；（9）孔繁森；（10）韩素云；（11）科学家；（12）边防战士；（13）舞会编导；（14）导演；（15）摄影师；（16）广大科技工作者；（17）工程师；（18）门客。

【解说】这些论据大致可分为三类。一类恰当。如清洁工、老师、陪练、交通警察、广大科技工作者。这些人是默默无闻无私奉献的劳动者，与观点一致。二类可用，关键是怎样使用。如：词曲作者，有些歌曲流传，大家记住了歌星，却不知词曲作者是谁，这样使用，论据就恰切妥当。若举阎肃、施光南等著名词曲作家为例，就选用不当，因为他们是词曲作者中的莲花。科学家、导演、摄影师、工程师、门客，与此同类。三类不恰当。孟母、居里夫人、大禹、孔繁森（援藏干部）、韩素云（军嫂），他们是莲花，有声名，并非默默无闻。材料不能证明观点，是写作大忌，不可不慎。

【板书】（2）论据的记叙

要领：叙述简洁，摆出事实

【讲授】议论文中事实材料的叙述要简明扼要，有时只要把能证明观点的那个部分、侧面说清楚就行了。从头至尾地说尽描述，这是初写议论文的人容易犯的毛病，应该注意纠正。论据的记叙要力求简明概括，摆出事实即可。举个例子，用寓言故事《小马过河》作论据——

小马过河

马棚里住着一匹老马和一匹小马。

有一天，老马对小马说："你已经长大了，能帮妈妈做点儿事吗？"小马连蹦带跳地说："怎么不能？我很愿意帮您做事。"老马高兴地说："那好哇，你把这半口袋麦子驮到磨坊去吧。"

小马驮起口袋，飞快地往磨坊跑去。跑着跑着，一条小河挡住了去路，河水哗哗地流着。小马为难了，心想：我能不能过去呢？如果妈妈在身边，问问她该怎么办，那多好啊！可是他离家已经很远了。

他向四周望望，看见一头老牛在河边吃草。小马嗒嗒嗒跑过去，问道："牛伯伯，请您告诉我，这条河，我能蹚过去吗?”老牛说:“水很浅,刚没小腿,能蹚过去。”

小马听了老牛的话,立刻跑到河边,准备蹚过去。突然,从树上跳下一只松鼠,拦住他大叫:“小马,别过河,别过河,河水会淹死你的!”小马吃惊地问:“水很深吗?”松鼠认真地说:“深得很呢!昨天,我的一个伙伴就是掉进这条河里淹死的!”

小马连忙收住脚步,不知道怎么办才好。他叹了口气,说:“唉!还是回家问问妈妈吧!”小马甩甩尾巴,跑回家去。妈妈问:“怎么回来啦?”小马难为情地说:“一条河挡住了,我……我过不去。”

妈妈说:“那条河不是很浅吗?”小马说:“是啊!牛伯伯也这么说。可是松鼠说河水很深,还淹死过他的伙伴呢!”妈妈说:“那么河水到底是深还是浅?你仔细想过他们的话吗?”小马低下了头,说:“没……没想过。”妈妈亲切地对小马说:“孩子,光听别人说,自己不动脑筋,不去试试,是不行的。河水是深是浅,你去试一试就会明白了。”

小马跑到河边,刚刚抬起前蹄,松鼠又大叫起来:“怎么,你不要命啦!”小马说:“让我试试吧。”他下了河,小心地蹚了过去。原来河水既不像老牛说的那样浅,也不像松鼠说的那样深。

【续讲】在使用“小马过河”这个材料作论据时,就不用像文章中那样描述详尽,只需简明概括:小马驮着半口袋麦子来到河边，老牛说水很浅，能蹚过去；松鼠说水很深，会被淹死的。小马犹豫不决，回家问妈妈后，决定试一试，最后发现，河水既不像老牛说的那样浅，也不像松鼠说的那样深。小马过河的故事告诉我们：实践出真知。议论中的记叙，当如此也。

【过渡】再以题目 1 论据的记叙为例——

【展示】陪练、教练

> 在赛场上，运动健儿经过自己的顽强拼搏，夺得了一枚枚金灿灿的奖牌。但是，他们的成功包含着多少人的心血！如果没有教练的悉心指导，陪练员的密切配合……怎会有如此辉煌的成绩？正是他们默默无闻的无私奉献，使得五星红旗一次次升起来。

【解说】我曾看过一篇报道，内容是写“世界冠军的背后”，写的是乒乓球队的陪练协助队友夺得冠军的事迹。金牌队员固然值得称赞，陪练队员更值得敬重。

【展示】清洁工

> 在环卫战线上，有成千上万的清洁工，他们“宁愿一人脏，换来万人净”，长年如一日，默默坚守着自己的岗位，换来了我们清洁优美的生活环境。

【解说】“宁愿一人脏，换来万人净”，是清洁工人的优秀品质。我建议大家对各行各业高度概括职业道德的用语进行积累，以备用。某年春晚演出后，诸事结束，已近黎明，赵忠祥等演职人员意犹未尽。他们开着采访车，想采访北京城起得最早的人。天蒙蒙亮，他们来到街上，看到清洁工们正在清扫街道。一个工人说："知道昨夜放爆竹垃圾多，我们比平时早起了一个来小时。今天是大年初一，我们要让所有人开门看到一个清洁美丽的北京。"我看了这个节目，很感动，也就记住了"宁愿一人脏，换来万人净"这十个字。向清洁工人致敬！

【展示】无名烈士

解放战争时期，无数革命烈士抛头颅洒热血，为新中国的建立献出了宝贵的生命，董存瑞等战斗英雄的名字早已在人们心中刻下了深深的烙印，而那些无名烈士，有几人记得他们？但正是有了他们的顽强战斗，共和国的旗帜才在天安门广场上升起；正是有了他们无私无畏的奉献，才有了我们今天阳光下的生活。我们更应该为他们谱写赞歌。

【解说】民族英雄、革命先烈、英雄模范，英名赫赫，永世流芳，我们不会忘记。还有无数无名烈士，为民族国家抛头颅，洒热血，慷慨奉献。最应该记住的最易忘记，谁精心计算过先行者的无数血滴？这就是树立人民英雄纪念碑的意义。

【展示】支前民工

在三大战役里，千千万万的支前民工组成担架队、运粮队，他们冒着枪林弹雨，抢救伤员，运送给养，有力地支援了前线，保证了大决战的最后胜利。陈毅元帅深有感触地说："淮海战役是人民用小推车推出来的。"

【解说】毛泽东在《论持久战》一文中说："兵民是胜利之本。"① 人民的军队爱人民，人民的军队人民爱。军民团结如一人，试看天下谁能敌？电影《淮海战役》里面有个场景：支前民工组成浩浩荡荡的支前大军，担架队抢救伤员，运输队运送弹药、粮食。于是，中国军事博物馆里有了担粮的扁担，有了独轮车……

【展示】创业史

共和国建立之初，我们曾是一个一穷二白的国家。为了祖国繁荣富强，一批批热血青年，放弃了舒适的城市生活，有的甚至放弃了上大学深造的机会，毅然挺身而出，到祖国最需要的地方去。于是北大荒原上开采出了第一口油井，大西北上空腾起了蘑菇云。他们为了祖国奉献了青春，共和国创业史上应该留下他们一个个光辉的名字。

【解说】20 世纪 70 年代，我看了露天电影《创业》，那是反映开发大庆油田的故事片。记得有个清华大学三年级的学生，刚满 18 岁，是一个很文静的小伙子，会双手打算盘。他为了支援油田的开发建设，毅然放下学业，到祖国最需要的地方去。还有一部电影《横空出世》，是一部反映制造原子弹的影片。有一篇

---

① 毛泽东．毛泽东选集：第二卷．2 版．北京：人民出版社，1991：509.

报道《奉献了青春献子孙》，写的就是新中国建设者们无私奉献的故事。这些都是很好的事实材料，要善于积累。“北大荒原上开采出了第一口油井，大西北上空腾起了蘑菇云”，这是形象的文学语言。有些同学认为写议论文不能彰显文采，这是一种误解。辞达意就是文采，华丽的辞藻只是表象，是卖弄，不是文采。

【展示】老师

在教育界，广大教师长年默默辛勤耕耘在三尺讲台上，他们不慕名利，呕心沥血，用心血、知识和智慧精心培育着祖国的花朵，托起了中华人民共和国明天的太阳。

【解说】三尺讲台连天下，一方黑板写春秋。老师就是人梯，是人类文明的播火者。赞花不忘育花人，园丁崇高伟大！

【展示】军属

大家知道，军人是我们和平生活的保护神，但我们还应该关注到军人背后那些默默无闻、无私奉献的家属。他们舍小家为国家，使战士们能在军营中安心服役。他们是钢铁长城的坚实后盾。赫赫的军功章有军人的一半，也有他们的一半。

【解说】谁是我们最可爱的人呢？我们的战士，我感到他们是最可爱的人。

也许还有人心里隐隐约约地说：你说的就是那些“兵”吗？他们看来是很平凡、很简单的哩，既看不出他们有什么高深的知识，又看不出他们有什么丰富的感情。可是，我要说，这是由于他跟我们的战士接触太少，还没有了解我们的战士：他们的品质是那样的纯洁和高尚，他们的意志是那样的坚韧和刚强，他们的气质是那样的淳朴和谦逊，他们的胸怀是那样的美丽和宽广！

……亲爱的朋友们，当你坐上早晨第一列电车驰向工厂的时候，当你扛上犁耙走向田野的时候，当你喝完一杯豆浆、提着书包走向学校的时候，当你坐到办公桌前开始这一天工作的时候，当你往孩子口里塞苹果的时候，当你和爱人一起散步的时候……朋友，你是否意识到你是在幸福之中呢？你也许很惊讶地说："这是很平常的呀！"可是，从朝鲜归来的人，会知道你正生活在幸福中。请你意识到这是一种幸福吧，因为只有你意识到这一点，你才能更深刻了解我们的战士在朝鲜奋不顾身的原因。

——选自魏巍《谁是最可爱的人》

亏了我一个，幸福千万人。舍小家，为国家。和平时期的军人是国泰民安的保护神，我们更要为他们唱响赞歌。军人值得称赞，那么，军人的后盾——军属呢……

【思问】这是一个事实材料的记叙。若写作时拥有多个材料，该怎样表达呢？

【讲授】这个问题提得好。若拥有的材料多，可以将其按一定的逻辑顺序排列起来，综合使用，我们姑且称之为"综合排比论据”。这种表达，古文大家常用。我指导同学们行文使用排比论据，也是从古代散文家那里学来的。我认为，最经典的排比论据在西汉司马迁《报任安书》这封书信中——

且西伯，伯也，拘于羑里；李斯，相也，具于五刑；淮阴，王也，受械于陈；彭越、张敖，南面称孤，系狱抵罪；绛侯诛诸吕，权倾五伯，囚于请室；魏其，大将也，衣赭衣，关三木；季布为朱家钳奴；灌夫受辱于居室。此人皆身至王侯将相，声闻邻国，及罪至罔加，不能引决自裁，在尘埃之中。古今一体，安在其不辱也？由此言之，勇怯，势也；强弱，形也。审矣，何足怪乎？

…………

古者富贵而名摩灭，不可胜记，唯倜傥非常之人称焉。盖文王拘而演《周易》；仲尼厄而作《春秋》；屈原放逐，乃赋《离骚》；左丘失明，厥有《国语》；孙子膑脚，《兵法》修列；不韦迁蜀，世传《吕览》；韩非囚秦，《说难》《孤愤》；《诗》三百篇，大底圣贤发愤之所为作也。此人皆意有所郁结，不得通其道，故述往事、思来者。乃如左丘无目，孙子断足，终不可用，退而论书策，以舒其愤，思垂空文以自见。

仆窃不逊，近自托于无能之辞，网罗天下放失旧闻，略考其行事，综其终始，稽其成败兴坏之纪，上计轩辕，下至于兹，为十表，本纪十二，书八章，世家三十，列传七十，凡百三十篇。亦欲以究天人之际，通古今之变，成一家之言。

——选自司马迁《报任安书》

【讲授】语势源于气势，文采源于情采。真精彩！第一次读到这封信的时候，我被司马迁渊博的学识、精彩的表达、真挚的情感深深震撼，因喜欢而成诵，至今倒背如流。只有深入心灵的东西，才能致用。这是我的写作体会。基于此，我便将这种方法迁移到议论文写作的训练中。

【展示】综合排比论据

在现实生活中，同样存在着众多默默无闻、无私奉献的人。如日夜忙碌在街头的清洁工人，运动健儿的教练、陪练，教书育人的人民教师，以及驻守边疆的国防战士。正因为有了他们，我们才有了清洁优美的环境，我们的体育事业才会蓬勃发展，我们的祖国才有了新的脊梁和希望，我们的生活才会如此祥和安宁。当我们赞叹叱咤风云的火车时，请不要忘记那些默默无闻的枕木，是这些铺路石为祖国前进铺平了道路。

其实，他们就在我们身旁，你不见环卫战线上的清洁工人，他们用扫帚打扮出祖国花园般美丽的城市；教育战线上的人民教师，用心血浇灌着祖国的莲花；驻守边疆的国防战士，用青春和生命保卫着祖国的和平。他们是砖是瓦，正因为有了他们，才有中华人民共和国这座坚不可摧的大厦。

【小结】写议论文运用综合排比论据，材料充分，语势强劲，能增强表达气势和论证力度。我倡议：行文用综合排比论据。

【过渡】讲完论据的记叙，我们学习论据的分析。

【板书】(3) 论据的分析

【讲授】叙述论据后，能够及时地将其与论点联系起来，进行具体深入的分析，是写议论文成熟的标志之一。这也是古文家写作的规则。有文为证——

荆人欲袭宋，使人先表澭水。澭水暴益，荆人弗知，循表而夜涉，溺死者千有余人，军惊而坏都舍。向其先表之时可导也，今水已变而益多矣，荆人尚犹循表而导之，此其所以败也。今世之主，法先王之法也，有似于此。其时已与先王之法亏矣，而曰“此先王之法也”，而法之以为治，岂不悲哉！故治国无法则乱，守法而弗变则悖，悖乱不可以持国。……

…………

楚人有涉江者，其剑自舟中坠于水，遽契其舟曰：“是吾剑之所从坠。”舟止，从其所契者入水求之。舟已行矣，而剑不行，求剑若此，不亦惑乎？以故法为其国与此同。时已徙矣，而法不徙，以此为治，岂不难哉？

有过于江上者，见人方引婴儿而欲投之江中，婴儿啼，人问其故，曰：“此其父善游。”其父虽善游，其子岂遽善游哉？以此任物，亦必悖矣。荆国之为政，有似于此。

——选自《吕氏春秋·察今》

【讲授】《察今》一文，讲的是要明察当今的实际情况。论点是：世易时移，变法宜矣。

作者举例证明：楚国人想要偷袭宋国，依据事先做好的标志渡河。澭水暴涨，楚国人不知道，还按标记渡河，淹死一千多人。紧接着，对材料进行分析："向其先表之时可导也，今水已变而益多矣，荆人尚犹循表而导之，此其所以败也。"再扣合论点深入论证：当世君主效法先王的法令制度来治理国家，是可悲的。进而得出"守法而弗变则悖"的结论。令人深信不疑。

第二则寓言故事是同学们熟悉的刻舟求剑。故事叙述完，进行具体分析：船已行走了，可是剑还停在那里，像这样通过船上的标记寻找剑，不是太糊涂了吗？再紧扣论点进行分析：时代已经变化了，可法令制度没有变，用旧的法令制度来治理当今的国家，难道不困难吗？

第三则故事是引婴投江，理由是孩子的父亲善于游泳。孩子的父亲善于游泳，孩子就一定善于游泳吗？用这种方法处理事情，也必然是荒谬的。

我们一定要时时提醒自己：使用事实论据的目的是证明论点。对论据进行具体分析，要紧扣论点，分析得透彻，论据才具说服力。《察今》一文的论据分析是很好的范例。谨记：跟古文大家学习写作，不学旁门左道。

【展示】题目1论据分析：支前民工

在三大战役里，千千万万的支前民工组成担架队、运粮队，他们冒着枪林弹雨，抢救伤员，运送给养，有力地支援了前线，保证了大决战的最后胜利。陈毅元帅深有感触地说："淮海战役是人民用小推车推出来的。"（材料记叙）//这千千万万的支前民工所组成的第二梯队是大决战中举足轻重的力量，亿万普普通通的民众才是人民军队的坚强靠山，才是革命胜利的保障，共和国的旗帜上也有他们的风采。（材料分析）

【解说】记叙内容是支前民工的行为，分析内容是支前民工的作用，这些讲的都是我们不能忘记支前民工的理由。这样一分析，就能紧密地与论点相连，并证明论点了。

【展示】题目1论据分析：老师

在教育界，广大教师长年默默辛勤耕耘在三尺讲台上，他们不慕名利，呕心沥血，用心血、知识和智慧精心培育着祖国的花朵，托起了中华人民共和国明天的太阳。（材料记叙）//老师就是人梯，有多少参天大树、社会栋梁都是他们亲手栽培出来的。赞花不忘育花人。我们在称赞这些英才的同时，不要冷淡那些辛勤的园丁。（材料分析）

【解说】记叙老师辛勤育英才，分析老师的品质、价值，使得作为人梯的老师更可敬，与论点紧密相接。

【过渡】见多识广，学以致用。下面以题目 4 为例，展示事实论据的选择、记叙与分析。

【展示】典型事例 1

美丽跨越百年的居里夫人可以称作“我心有主”的典范。年轻貌美的她从不以容貌为资本，而是投身到镭的提炼中，荣获两次诺贝尔奖不为名利所动，成为历史上少有的最受人尊敬的女性之一。她本可以凭美貌赢得一生衣食无忧的生活，但她内心的信念告诉她要为科学的进步做贡献。或许她可以用诺贝尔奖金终其一生，但她心中的准则要求她要继续奋斗。正因为她内心有了信念和准则，她的一生才焕发出夺人眼目的光辉。

【解说】此则论据来自梁衡的散文《跨越百年的美丽》，居里夫人的心中之主是为科学做贡献。

【展示】典型事例 2

古往今来，随波逐流的人终将被历史的长河淹没，唯有“咬定青山不放松”，才能在青史上留下一个光辉的名字。周恩来出身于大资本家的家庭，他本可以踏上仕途，从此平步青云；也可以经商赚钱，自此安享富贵。而面对这种种选择，他却毅然选择了“为中华崛起而读书”，为共产主义而奋斗。其间的道路虽然漫长而艰辛，但他仍坚定信仰，鞠躬尽瘁，死而后已。他活不争名，死不占地。共和国不会忘记，人民永远铭记。

【解说】周恩来总理功德兼具。为党为民，鞠躬尽瘁，死而后已；活不争名，死不占地；出身高贵，不贪荣华，为中华崛起而奋斗。

【展示】典型事例 3

法国著名作家司汤达在创作其力作《红与黑》时，曾受到多方非议，因为于连这个人物是有悖于传统道德的。他的老师甚至焚烧他的底稿以阻止其“荒谬”至极的行为。但这一切不但没有动摇司汤达的决心，反而促使他更加尽心创作，以至成功。试想，如果当初司汤达没有“我心有主”的坚定与智慧，何来今日世界文学画廊中于连这一极其复杂却又极富魅力的法国青年形象？如果当初司汤达仅因他人只言片语就轻易地否定自己而改弦易辙，那他的名字是否早已飘散于历史风尘了呢？大浪淘沙，历史铭记的永远是黄沙散尽后的真金，是任凭风浪起稳坐钓鱼台的智者。时代传承的永远是“树动帆动心不动”的心志，是“我以我心主我行”的精神。

【解说】此材料新颖。司汤达的心中之主是打破传统，塑造“新人”。创新与保守，相生相克，古今一也。要想有创造，就要克服重重阻碍，坚定不移地走自己的路。

【展示】典型事例 4

“我心有主，恪守操行”是一种精神，一种修养，一种境界，一种品格。西汉时，汉派苏武出使匈奴，以求两家和好。匈奴单于却扣押苏武而劝其归降。苏武不为钱财美色所动而被放逐，在北海大漠牧羊十九年。其高风亮节，能守其心的品格至今为人称道。自己把自己说服了，是理智的胜利；自己被自己感动了，是心灵的升华；自己把自己战胜了，是人生的成熟。而苏武正是征服了自己，守住了心中的定盘星，在中华民族的史册上才留下了浓墨重彩的一笔。

【解说】孟子云："富贵不能淫，贫贱不能移，威武不能屈，此之谓大丈夫。"苏武是大丈夫的典型代表。《苏武牧羊》歌中唱道："苏武留胡节不辱，雪地又冰天，穷愁十九年。渴饮雪，饥吞毡，牧羊北海边。心存汉社稷，旄落犹未还。历尽难中难，心如铁石坚。夜坐塞上，时听笳声，入耳痛心酸。转眼北风吹，雁群汉关飞。白发娘，望儿归，红妆守空帏。三更同入梦，两地谁梦谁？任海枯石烂，大节不稍亏。终教匈奴心惊胆碎，拱服汉德威！"此材料典型高古，甚好！

【展示】典型事例 5

人生如行路，难免沟沟坎坎，磕磕绊绊；人生如登山，难免荆棘布道，岩石凸现；人生如行船，难免暗礁当路，急流险滩。如果没有主见，最终会被淹没在历史的洪流中。这使我想起一个人的经历：35 岁竞争参议员失败，37 岁再次失败；39 岁竞选国会议员失败；43 岁当选国会议员，47 岁国会议员连任失败；49 岁竞选副总统失败；54 岁当上了美国总统。他就是美国总统林肯。如果林肯心中没有自信之主，没有对自己的肯定与评价，没有对事业的执着追求，那么，美国历史上就将失去一位解放黑人奴隶的领袖。

【解说】此则材料的表达颇有特色。前一部分运用排比，行文押韵，音节和谐，朗朗上口。接着写出事实，亮明人物，倒叙手法，引人入胜。最后假设推理，分析后果。记叙分析材料，别具特色，值得一学。

【展示】典型事例6

我心有主是一种准则，一种修养，一种境界，一种精神。布鲁诺在宗教裁判所不屈从于蒙昧主义，捍卫并发展了哥白尼的“日心说”，即“宇宙在时间和空间上都是无限的，没有固定的中心和界限”。严刑拷打没有使他屈服，熊熊烈火没有使他屈服，他用自己的生命捍卫了真理。是我心有主、我主我心使他信念坚定，英勇无畏，并用生命谱写了一曲壮丽的人生乐章。

【解说】布鲁诺，科学卫士。补充材料：郑文光《火刑》摘录。

火刑在二月十七日举行。

百花广场上挤满了来自四面八方的人。在广场中央，耸立着高高的十字架，布鲁诺被缚在上面。他的脸是苍白的，眼睛凝望着遥远的天空。柴薪就在他脚下，烈火熊熊地燃烧起来。

教皇克利门特八世和他的枢机员、红衣主教、主教们，都来到了广场上。他们想，也许在这最后一刻，“异端”会放弃自己的“可怕的思想”吧？然而，被火焰和浓烟包围着的殉道者口中，吐出的却是这样一句话：“火并不能把我征服，未来的世纪会了解我，知道我的价值的。”

三百年过去了。台伯河还像当年一样淙淙地流着，亚平宁半岛上的阳光也像当年一样地和煦。罗马经历过战争、流血，唯物主义者——战士布鲁诺的思想在自由的人民当中翱翔。

人民永远怀念着科学的英雄的殉道者。一八八九年六月九日，在百花广场上，树立起乔尔丹诺·布鲁诺的铜像，六千名来自世界各地的人士参加了揭幕典礼。

布鲁诺，他的光辉的名字，始终活下去。他的天才的思想，一一被证实了。科学，昂首阔步地在地球上前进，它以不可抗拒的力量将世界推进到原子时代，推进到消灭愚昧、迷信、落后、偏见的时代，推进到唯物主义彻底胜利的时代。

【小结】在题目 4 论据征集中，这些习作比较优秀，集中展示的目的，除了开阔思路，积累材料，以备使用外，还想启示读这本书的学子，谨记：读书多，材料丰，既典型，又新颖。是耶？非耶？是也。

【过渡】我们再来观赏一下排比论据的精彩习作——

【展示】综合排比论据 1

岁月淘尽了黄沙，现在没有谁记得古代那五百多位春风得意的状元，没有谁瞩目黄袍在身的帝王，更没有谁记得富甲天下的商贾。但时光留下了真金，人们总会记得发愤著书的司马迁，总会记得十年辛苦、一生艰辛的曹雪芹，人们总会怀想功成身退的张良、清静无为的曹参，人们总会敬重独爱洁莲的周敦颐、誓不出仕的黄宗羲……历史记住的是那种坚如磐石的心灵，那种“一蓑烟雨任平生”的心态，那份宠辱皆忘的豁达，那种我心有主的个性。时间偏爱的是坚定不移的志向，恪守不渝的节操，沉稳矫健的步伐，逆流而上的英勇，一种我自岿然不动的定力，一种无羁无绊的人生。心中有主，再迷人的诱惑也不过是脚下浮尘，再刻薄的非义也不过是拂面的微风，再纷杂忙乱的世间也会有逍遥的人生。

【解说】这是“劳于读书，逸于作文”的有力证明。旁征博引，材料典型，笔势流畅，一气呵成，文采飞扬。

【展示】综合排比论据 2

心中有主是一种品德，不以心为形役是一种境界，不诱于誉是一种精神，不恐于诽是一种气节。苏轼坚信“天地之间，物各有主，苟非吾之所有，虽一毫而莫取”。因此才会有明月清风自在怀的品格。陶渊明不愿为五斗米折腰，归隐田园，荷锄耕作。只因他心不为形所役，才达到一种至高至美的境界。屈原行吟泽畔，仰天长叹，掩涕太息，上下求索，只是为了在举世混浊时保留一份清明，在众人皆醉时保留一份清醒，浸透了整条汨罗江的正是这样一种精神。文天祥面对元人的威逼利诱，不为所动，“人生自古谁无死，留取丹心照汗青”，所传达的正是一种可贵的民族气节。古往今来，有所成就的人无一不拥有高尚的灵魂和坚定的原则。托起巨轮的只有大海，托起云朵的只有清风，托起事业的唯有能够主宰自己的心灵。

【解说】课文学得好，并能致用，难能可贵。教材是重要的材料库，岂可忽也？

【展示】综合排比论据 3

大禹心中有主，升龙门，导急流，三过家门而不入，还黄河两岸千里沃野；陶渊明恪守操行，弃乌纱，归田园，不为五斗米折腰，成中国田园诗之鼻祖；文天祥不役于外物，斥金贼，赴白刃，留取丹心照汗青，成中华民族千古佳话；周恩来不困于名利，一身正气，两袖清风，天不能死地难埋，书赤胆忠心于神州大地。困于名者，愚；役于利者，昧。心中有主是为智，恪守操行乃为明，智明而行无过。

【解说】此段承民国文风。文言行文，句式齐整，情思酣畅，堪称佳段。

【展示】综合排比论据 4

只有心中有主，人生方能有所成就。李白心中有主，因此不沉溺于追名逐利，而是寄情于大好河山，创作了大量脍炙人口的诗篇，成为一代“诗仙”。鲁迅心中有主，因此不选择在安逸的书斋治学，而选择在黑暗的铁屋中呐喊，最终铸就万民敬仰的“民族魂”。陈景润心中有主，因此不为乱世的嘈杂所干扰，专注于数学研究，摘下了“哥德巴赫猜想”桂冠上的一颗明珠。马克思心中有主，因此不被种种反动势力吓倒，坚定共产主义信仰，终成世界无产阶级的伟大导师。我心有主是生命中的大智慧，伦理中的大道德，人生中的大境界。

【解说】李白——诗人，鲁迅——文学家，陈景润——数学家，马克思——革命导师。材料角度多面，宽度阔大；时接古今，域跨中外。认识深入：我心有主是生命中的大智慧，伦理中的大道德，人生中的大境界。

【展示】综合排比论据 5

文天祥“人生自古谁无死，留取丹心照汗青”，表现出崇高的气节。谭嗣同“我自横刀向天笑，去留肝胆两昆仑”，表现出无畏的气魄。于谦“粉身碎骨浑不怕，要留清白在人间”，表现出视死如归的气概。文天祥因自主其心而崇高，谭嗣同因自主其心而无畏，于谦因自主其心而视死如归。可见，崇高的民族气节、大无畏的献身精神和高尚的道德修养都源自“我心有主”这一从容不迫的气度与定力。

【解说】此段表达特点是：借助名人的传世警句叙述事实。这是一种“善假于物”的聪慧。

【展示】综合排比论据 6

> 中华民族历来崇尚坚守信仰，厉守操行。翻开历史的青简，那些彪炳史册的人无一不是能自主其心的人。范缜面对竟陵王的利诱，毅然决定不卖论求官；寒士面对“变了味”的施舍，宁可饿死也不受“嗟来之食”；文天祥面对元兵的威胁，高唱正气之歌。正所谓“富贵不能淫，贫贱不能移，威武不能屈”。唯其如此，才能守住做人的原则，支撑起一个顶天立地的“人”字。

【解说】范缜——富贵不能淫，寒士——贫贱不能移，文天祥——威武不能屈。对应巧妙，语脉连贯，实为生花妙笔！建议熟读成诵。

【小结】要之，事实论证——例证，就是用典型事例作为论据来证明论点的方法，也就是“摆事实”，这是写议论文最重要的论证方法。

【过渡】风行水流。下面讲授另一种论证方法——事理论证，即引证。

【板书】其二，事理论证——引证

引用 { 经典性的著作 / 权威者的言论 } 古今中外

【讲授】事理论证——引证，是用已知认的道理、原则作论据来证明个别性的论点。引证常常表现为引用经典性言论，如马克思、恩格斯、列宁、毛泽东等伟大导师，柏拉图、苏格拉底、康德、黑格尔、亚里士多德等思想家的有关论述，或名人如鲁迅、托尔斯泰、雨果、歌德等，作为自己立论的根据。除此而外，公认的原则、公理、格言、成语、俗谚等，也都可以用来作为立论的根据。

【过渡】事实论证——例证，事理论证——引证，是写议论文重要的也是常用的论证方法。我们常常看到这样的作文：首段提出论点，中间摆出几个事例，尾段小结。这样的文章即使观点是明确的，所举事例是恰当的，结构也完整，但人们读后往往觉得道理讲得不透，内容贫乏单调，论证显得苍白无力。这是为什么？除了论述说理不充分外，还有一个重要原因，就是没有学会运用多种论证方法。

【板书】运用多种论证方法：对比法　喻证法　引申法

【讲授】下面逐一进行讲解——

对比法，就是运用正反对比的方法来论证。例如《纳谏与止谤》中，通篇用对比手法，把虚心纳谏的齐威王和粗暴止谤的周厉王进行对比，古人与今人进行对比，纳谏与止谤的结果进行对比，给人以深刻的印象，并产生了强烈的效果。

喻证法，就是运用形象的比喻来证明论点。例如《拿来主义》中，用一所大宅子比喻文化遗产，用“孱头”“昏蛋”“废物”比喻对文化遗产持完全错误态度的三种人，再用“鱼翅”“鸦片”“烟具”“姨太太”比喻文化遗产中的精华、糟粕以及各种复杂的情况，从而论证自己的观点。运用喻证法，道理讲得通俗形象，容易让人接受，有一定的感染力。我们使用时要注意贴切、恰当。

引申法，也叫归谬法，是由反面论点引出错误结论来说明道理的方法。就是先假设对方的错误论断是“正确”的，然后从对方的论断中导出一个荒谬的结论来，从而证明对方的论断是不成立的。这种方法多用于驳论文章，例如有些人打着“反对崇洋媚外”的旗号，不分好的坏的，凡是外国的一概排斥。在反驳的时候，就可以这样写：“过去，我们点油灯，现在用电灯。电灯是外国人发明的，如果认为它是外国人发明的就不能用，那么现在是不是要把电灯废除，仍去点油灯？”这类人的反动观点一经这样引申推论，就充分地暴露出它的荒谬可笑，不攻自破。

在学习使用多种论证方法时，要明确任何方法都是为内容服务的。我们写作文时不能先确定运用什么论证方法，而后再搜集材料、确定论点、选择论据。一般说来，是先形成文章的观点，而在构思怎样去论证这个观点并搜集材料、选择论据的过程中，再综合思考运用哪些论证方法。运用多种论证方法的目的，绝不是仅仅使文章形式花样翻新，而是力求论证得比较充分，道理说得明晰透彻。总之，论点、论据和论证方法是统一的整体，是不能割裂开来的。

【小结】联系实际，充分论证。事实胜于雄辩，事理公众认可。这部分是以例证、引证为主，同时，结合具体内容，综合运用多种论证方法，使论点树立起来，令人笃信不疑。

【板书】合：回应全篇　结语收合

【讲授】古人写文章讲求“豹尾”——简洁有力，这是写作尾段的基本原则。仍以题目 1 为例，做具体讲解。

【展示】结尾 1

伟大的文学家鲁迅说：“天才可贵，培养天才的泥土更可贵。”那些默默无闻无私奉献的人，才是最可敬的。我们要永远记住他们，尊敬他们。

结尾 2

“最应该记住的最易忘记，谁记得母乳甜美的滋味?”我们在赞赏莲的浥露争妍时，不要也不该冷淡那些默默无闻的无私奉献者。

【解说】两个结尾段均引用名言，紧扣论点，收束全文。

【展示】结尾 3

没有污泥哪有莲？没有默默无闻的枕木，就没有叱咤风云的火车；没有无私奉献的砖瓦，就没有高耸入云的高楼。让我们发扬污泥的奉献精神，为社会主义大厦添砖加瓦。

结尾 4

圣洁的莲花需要水下污泥的滋养，伟大的事业更需要普通劳动者的默默无私的奉献，正是这千百万平凡的劳动者创造了和创造着中国的历史。做民族复兴大道上的一粒石子，那是点缀人生的最美丽的火花。

【解说】两个结尾均结合文题材料，发出号召，自然收合。

【展示】结尾 5

我们是祖国的未来，新时代的主人。我们赞美具有污泥般精神品质的人，更要继承和发扬这种默默奉献的精神，为祖国的建设事业献出自己的光和热。

结尾 6

人生并不仅仅在于成就了多大的事业，而重在自己做了些什么。平凡之中见伟大。让我们在赞颂那些默默奉献者的同时，也去做一根枕木，一块砖瓦，一支蜡烛，把自己的能量奉献给社会，做出自己应有的贡献。

【解说】以“主人翁”精神，表明心志，呼吁大家发扬污泥这种默默奉献的精神，为祖国做贡献。

【小结】好文章重在收束。结尾要斩截不拖沓，明确有力。以题目 4 为例，介绍几种常见的结尾方法。

【展示】结尾 1

梨子掉了，可以再生长；燕子去了，可以再回来。可是一个人如果失去了心中的主见和灵魂深处行事的准则，那就注定如尘埃落入泥土，如水滴卷入江河，漂泊沦落，庸碌无为。所以，要成就一番事业，必先主宰自己的心灵，因为有“主”者，事乃成。

【板书】常见结尾方法：(1) 联系材料　表达主旨

【展示】结尾 2

现实生活中，人们活得累，有一小部分源于生存，其余大部分是因为盲目地追求与毫无主见地随波逐流。真正理解生活、享受生活的人，定然是生活中有所收获的人，但他首先又是能坚守原则的人，能不使心为形役的人。

【板书】(2) 联系实际　揭示意义

【展示】结尾 3

佛家说："血肉身躯且归泡影，何况影外之影；山河大地尚属微尘，而况尘中之尘。"此言虽带有宗教色彩，但也能够给在名利场中陷于困惑的人们一点启示。我们不求名达富贵，只求一生无愧无悔。人应该怎样活，路应该怎样走？答案应在你心中。

【板书】(3) 运用名言　顺理成章

【展示】结尾 4

历史的车轮滚滚向前，免不了要扬起浮躁的沙尘。社会的劲风呼啸吹过，却撼不倒根深叶茂的大树。如果你认为当今的社会使人浮躁而又疲倦，那是你心中没有自己的北斗。心中有主，静由心生。等水去石存，沙去金现，你将收获逍遥的人生。

【板书】(4) 揭出事理　收束全文

【展示】结尾 5

我心有主，就是在人生的航行中摆正自己的舵，就是在夜晚的森林中注视空中的北斗，就是在衡量得失时找准那定盘的星。这样，你就能成为一个真正的人，一个纯粹的人，一个不至于被浪潮卷走的人。

【板书】(5) 总结全文　重申论点

【展示】结尾 6

如果一杆秤没有定盘星，它只是一根木杆；如果一个人没有自己的准则，他只是别人的奴隶。当你遭到世俗纷扰的时候，当你处在人生十字路口的时候，你应当做到心中有主，这样，你的人生才有意义和价值。

【板书】(6) 解决问题　指明方向

【展示】结尾 7

朋友！我们是新世纪的主人，未来世界的主宰。我们一定要站稳脚跟立世，放开眼界读书，不人云亦云，不随风而动，争做“我主我心”的稳健的人。

【板书】(7) 提出希望　发出号召

【小结】以上是常见的几种结尾方法，不求全面，只资借鉴。

【过渡】按照“起承转合”的议论文写作思路和结构行文，整篇文章呈现出怎样的面貌呢？请看学生习作——

【展示】作文题目：以“美”为论题，写一篇议论文。

【学生习作1】

美在内心　美在精神

【起】美是一个永恒的话题，“美”本身似乎有无限吸引力。从古至今，人们一直在寻找美、追求美。但是，什么样的美才是最美？我们应该追求什么样的美？

【解说】本文题目就是论点，开笔入题，提出问题。

【承】“胸藏湖海文始壮，腹有诗书气自华。”真正的美并不是靠涂脂抹粉装扮出来的面具，而是由内而外散发出的人格魅力。人的容貌是天生的，我们最多也只能做些局部的修整，而人的品格精神却是由我们自己一点一点塑造的，并能不断成熟完善。再美的容貌也不能逃脱成为落叶黄花的命运，而人的精神、品格却能得到升华，成为永恒的美。如果我们只追求表象的美，那么这样的美只能成为若干年后考古学家手中的惊喜；但如果我们拥有精神的美，则能让美丽成为永远。

【解说】阐明道理，真正的美不是靠外表的装束，而是靠内在的精神品质，以理服人。

【转】滚滚长江东逝水，淘尽了浮华与埃尘，而留下的是伟大的精神和高尚的灵魂，留下的是永恒的美丽。

屈原高洁的灵魂和远大的抱负，让汨罗江水至今还散发着兰芷的清香，江水不但哺育了江畔的人们，更涤荡了他们的心灵。文成公主的奉献与牺牲，被镌刻在了世界屋脊、雪域高原，而文成公主就是高原上那朵最美的雪莲，洁白芬芳，一直盛开了千百年。塞外的风诉说着王昭君的美丽，而那美丽却不会随风飘散。宝贵的镭放射着居里夫人的美丽，但那美丽却不会随着镭衰变。

她们曾拥有美丽的容貌，但被历史记住的却是她们高尚的品格和崇高的精神。一切美貌都会被历史风干，只有崇高的精神会永远鲜活；所有铅华都会被时间洗去，只有高尚的品格会慢慢沉淀。世界上没有谁单凭美貌而赢得人们的尊敬，历史上也没有谁只靠容颜姣好而万古流芳。人们选择的美，大多是内在的美、品格的美；历史选择的美，不是漂亮的躯壳而是美丽的精神。

【解说】选取古今中外的事实作为论据，证明论点，使人相信。

【合】我们要追求的美，应该来自内心，因为明天如花的容颜或许就零落成泥。我们崇尚的美，应该来自精神，因为今天的浮华明天将会散尽。外表的美终究是暂时的，而内在的美才是真正的美，才是永恒的美，美的永恒。

【解说】总结全文，回扣论点，简洁明确。

【小结】按韩愈《师说》思路结构行文。起：入题；承：有理——讲道理；转：有据——摆事实；合：收束。

【展示】作文题目：阅读下面的文字，根据要求写一篇不少于800字的文章。

一只老鹰从鹫峰顶上俯冲下来，将一只小羊抓走了。

一只乌鸦看见了，非常羡慕，心想：要是我也有这样的本领该多好啊！于是乌鸦模仿老鹰的俯冲姿势拼命练习。

一天，乌鸦觉得自己练得很棒了，便哇哇地从树上猛冲下来，扑到一只山羊的背上，想抓住山羊往上飞，可是它的身子太轻，爪子被羊毛缠住，无论怎样拍打翅膀都飞不起来，结果被牧羊人抓住了。

牧羊人的孩子见了，问这是一只什么鸟，牧羊人说："这是一只忘记自己叫什么的鸟。"孩子摸着乌鸦的羽毛说："它也很可爱啊！"

要求全面理解材料，但可以选择一个侧面、一个角度构思作文。自主确定立意，确定文体，确定标题；不要脱离材料的含意作文，不要套作，不得抄袭。

【学生习作2】

从最小的可能开始

【起】拿破仑说："不想当将军的士兵不是好士兵。"套用这个说法，我们似乎也可以说：不想当老鹰的乌鸦不是好乌鸦。

一只好的乌鸦，常常从最小的可能性开始。

【解说】用拿破仑名句开笔，结合材料，提出观点。

【承】大概是1935年吧，北平崇德中学的一个十二三岁的少年，读了一本名为《神秘的宇宙》的书，于是跑回去跟爸爸妈妈说："我将来要拿诺贝尔奖……"爸爸妈妈笑他的无知和狂妄。而22年后的一天，这个无知且狂妄的少年与同伴推翻了爱因斯坦的"宇称守恒定律"，提出"宇称不守恒定律"，终于站在诺贝尔物理学奖的领奖台上。他就是杨振宁。

大概是1984年吧，一个只有小学四年级学历的青年，不懂得期刊的定义是"由多位作家撰写的不同体裁的作品构成的定期出版物"，一心只想着证明自己，办一份只发表自己作品的月刊。而这个无知且狂妄的青年，真的将这样一本一个人支撑的月刊从1985年写到2005年。在累计印数达一亿册的作品中，皮皮鲁、鲁西西、舒克、贝塔成为中国孩子永远忘不掉的童年伙伴。这个无知且狂妄的青年，就是"童话大王"郑渊洁。

大概是1988年吧，一个15岁的天津少年来到北京，抱着一夜红透北京城的心态，梦想着盖过马三立、侯宝林。而这个无知且狂妄的青年，18年后真的使沉寂多年的天桥再度红火起来，所到之处，一票难求。其领导的德云社，成为北京最火爆的曲艺演出团体。这个无知且狂妄的少年，就是为京津众多“纲丝”所热捧的“相声奇才”郭德纲。

【解说】摆事实：杨振宁、郑渊洁、郭德纲，是从最小的可能性开始，矢志追求，实现理想。事实典型，证明有力。

【转】无论是杨振宁、郑渊洁还是郭德纲，是什么使他们从丑小鸭变成白天鹅，或者从乌鸦变成老鹰的呢？

第一，敢想。第二，肯做。王小波说，在一些人身上“你就看不到水往低处流、苹果掉下地、狼把兔子吃掉这一宏大过程，看到的现象相当于水往山上流、苹果飞上天、兔子吃掉狼……”坚信“我行”，坚信我能变成自己希望的那个样子，是“杨振宁”们的心理基础。而实现自己的目标，则需要十几年甚至几十年如一日的摔打磨炼。杨振宁没有实验室中的忍耐和方程式中的冥思，就没有诺贝尔领奖台上的荣光；郑渊洁没有闻鸡起舞、一字一句积累的勤奋和四处投稿、知音难遇的哀怨，就没有北京首届“十大杰出青年”之一的美称；郭德纲没有八岁学艺、三次进京、数次面临饿死的体验，就没有天桥舞台上二十余次返场的掌声……只要有一丝可能，便抓住不放，用百倍的辛劳将其变成“能”，是很多成功者的历程。

【解说】阐明道理，结合论据，深入分析，使人服。

【合】从最小的可能性开始，猴子可以变成人，乌鸦当然也可以变成老鹰。拿破仑说：“不想当将军的士兵不是好士兵。”套用这个说法，我们尽可以说：不想当老鹰的乌鸦不是好乌鸦。

乌鸦不仅可以变成老鹰，甚至也可以变成凤凰。

【解说】按欧阳修《伶官传序》思路结构行文。起：入题；承：有据——摆事实；转：有理——讲道理；合：收束。

【结语】跟古文大家学写作，起承转合，承转有法，开合有度。以此为宗，文章得成。

附录1 “中国诗文名句”专辑（中学生版）

1. 言者无罪，闻者足戒。
2. 他山之石，可以攻玉。
3. 投我以桃，报之以李。
4. 高山仰止，景行行止。
5. 学而时习之，不亦说乎？
6. 不愤不启，不悱不发。
7. 如切如磋，如琢如磨。

8. 靡不有初，鲜克有终。

9. 满招损，谦受益。

10. 好学近乎知，力行近乎仁，知耻近乎勇。

11. 皮之不存，毛将焉附（安附）？

12. 温故而知新，可以为师矣。

13. 学而不厌，诲人不倦。

14. 二人同心，其利断金。

15. 同心之言，其臭如兰。

16. 三人行，必有我师焉。择其善者而从之，其不善者而改之。

17. 君子坦荡荡，小人长戚戚。

18. 工欲善其事，必先利其器。

19. 往者不可谏，来者犹可追。

20. 己所不欲，勿施于人。

21. 岁寒，然后知松柏之后凋也。

22. 三军可夺帅也，匹夫不可夺志也。

23. 知之为知之，不知为不知，是知也。

24. 学而不思则罔，思而不学则殆。

25. 学然后知不足，教然后知困。

26. 不患寡而患不均，不患贫而患不安。

27. 三十而立，四十而不惑，五十而知天命，六十而耳顺，七十而从心所欲，不逾矩。

28. 人无远虑，必有近忧。

29. 君子喻于义，小人喻于利。

30. 仓廪实而知礼节，衣食足而知荣辱。

31. 其身正，不令而行；其身不正，虽令不从。

32. 言必信，行必果。

33. 敏而好学，不耻下问。

34. 知之者不如好之者，好之者不如乐之者。

35. 言之无文，行而不远。

36. 辅车相依，唇亡齿寒。

37. 俭，德之共也；侈，恶之大也。

38. 玉不琢，不成器；人不学，不知道。

39. 凡事预则立，不预则废。

40. 大道之行也，天下为公。

41. 防民之口，甚于防川。

42. 从善如登，从恶如崩。

43. 流水不腐，户枢不蠹。

44. 外举不避仇，内举不避亲。

45. 穷则独善其身，达则兼善（济）天下。

46. 孔子登东山而小鲁，登泰山而小天下。

47. 生于忧患，死于安乐。

48. 富贵不能淫，贫贱不能移，威武不能屈。

49. 合抱之木，生于毫末；九层之台，起于垒土；千里之行，始于足下。

50. 君子之交淡如水，小人之交甘若醴。

51. 祸兮福之所倚，福兮祸之所伏。

52. 天网恢恢，疏而不失。

53. 天网恢恢，疏而不漏。

54. 大音希声，大象无形。

55. 信言不美，美言不信。

56. 知人者智，自知者明。

57. 知己知彼，百战不殆。

58. 一年之计，莫如树谷；十年之计，莫如树木；终身之计，莫如树人。

59. 青，取之于蓝，而青于蓝。

60. 锲而舍之，朽木不折；锲而不舍，金石可镂。

61. 物以类聚，人以群分。

62. 千里之堤，溃于蚁穴。

63. 与天地兮比寿，与日月兮齐光。

64. 路漫漫其修远兮，吾将上下而求索。

65. 尺有所短，寸有所长。

66. 其曲弥高，其和弥寡。

67. 周公吐哺，天下归心。

68. 众口铄金，积毁销骨。

69. 失之毫厘，谬之千里。

70. 桃李不言，下自成蹊。

71. 智者千虑，必有一失；愚者千虑，必有一得。

72. 不鸣则已，一鸣惊人；不飞则已，一飞冲天。

73. 非规矩不能定方圆，非准绳不能正曲直。

74. 国以民为本，民以食为天。

75. 疾风知劲草，板荡识诚臣。

76. 以铜为镜，可以正衣冠；以古为镜，可以知兴替；以人为镜，可以明得失。

77. 宁为玉碎，不为瓦全。

78. 项庄舞剑，意在沛公。

79. 大行不顾细谨，大礼不辞小让。

80. 与善人居，如入兰芷之室，久而不闻其香，则与之化矣；与恶人居，如入鲍鱼之肆，久而不闻其臭，亦与之化矣。

81. 前事不忘，后事之师。

82. 为山九仞，功亏一篑。

83. 天行健，君子以自强不息。

84. 风萧萧兮易水寒，壮士一去兮不复还！

85. 亡羊补牢，犹未迟也。

86. 临渊羡鱼，不如退而结网。

87. 塞翁失马，焉知非福。

88. 绳锯木断，水滴石穿。

89. 水至清则无鱼，人至察则无徒。

90. 鞠躬尽瘁，死而后已。

91. 静以修身，俭以养德。

92. 非淡泊无以明志，非宁静无以致远。

93. 非学无以广才，非志无以成学。

94. 老骥伏枥，志在千里；烈士暮年，壮心不已。

95. 捐躯赴国难，视死忽如归！

96. 丈夫志四海，万里犹比邻。

97. 茕茕孑立，形影相吊。

98. 勿以恶小而为之，勿以善小而不为。

99. 近朱者赤，近墨者黑。

100. 奇文共欣赏，疑义相与析。

101. 木欣欣以向荣，泉涓涓而始流。

102. 刑天舞干戚，猛志固常在。

103. 采菊东篱下，悠然见南山。

104. 登山则情满于山，观海则意溢于海。

105. 精诚所至，金石为开。

106. 失之东隅，收之桑榆。

107. 盛名之下，其实难副。

108. 不入虎穴，焉得虎子。

109. 城门失火，殃及池鱼。

110. 一叶障目，不见泰山。

111. 乐极生悲，否极泰来。

112. 疾风知劲草，岁寒见后凋。

113. 操千曲而后晓声，观千剑而后识器。

114. 管中窥豹，时见一斑。

115. 海上生明月，天涯共此时。

116. 人生得意须尽欢，莫使金樽空对月。

117. 天生我材必有用，千金散尽还复来。

118. 长风破浪会有时，直挂云帆济沧海。

119. 安得倚天剑，跨海斩长鲸。

120. 抽刀断水水更流，举杯销愁愁更愁。

121. 孤帆远影碧空尽，唯见长江天际流。

122. 两岸猿声啼不住，轻舟已过万重山。

123. 清水出芙蓉，天然去雕饰。

124. 安能摧眉折腰事权贵，使我不得开心颜!

125. 新松恨不高千尺，恶竹应须斩万竿。

126. 但使龙城飞将在，不教胡马度阴山。

127. 黄沙百战穿金甲，不破楼兰终不还。

128. 出师未捷身先死，长使英雄泪满襟。

129. 尔曹身与名俱灭，不废江河万古流。

130. 无边落木萧萧下，不尽长江滚滚来。

131. 吴楚东南坼，乾坤日夜浮。

132. 三顾频烦天下计，两朝开济老臣心。

133. 随风潜入夜，润物细无声。

134. 会当凌绝顶，一览众山小。

135. 读书破万卷，下笔如有神。

136. 为人性僻耽佳句，语不惊人死不休。

137. 露从今夜白，月是故乡明。

138. 笔落惊风雨，诗成泣鬼神。

139. 文章千古事，得失寸心知。

140. 安得广厦千万间，大庇天下寒士俱欢颜，风雨不动安如山。

141. 正是江南好风景，落花时节又逢君。

142. 上穷碧落下黄泉，两处茫茫皆不见。

143. 在天愿作比翼鸟，在地愿为连理枝。

144. 天长地久有时尽，此恨绵绵无绝期。

145. 千呼万唤始出来，犹抱琵琶半遮面。

146. 别有幽愁暗恨生，此时无声胜有声。

147. 同是天涯沦落人，相逢何必曾相识。

148. 风翻白浪花千片，雁点青天字一行。

149. 日出江花红胜火，春来江水绿如蓝。

150. 文章合为时而著，歌诗合为事而作。

151. 试玉要烧三日满，辨材须待七年期。

152. 乱花渐欲迷人眼，浅草才能没马蹄。

153. 姑苏城外寒山寺，夜半钟声到客船。

154. 春城无处不飞花，寒食东风御柳斜。

155. 月出惊山鸟，时鸣春涧中。

156. 竹喧归浣女，莲动下渔舟。

157. 明月松间照，清泉石上流。

158. 大漠孤烟直，长河落日圆。

159. 独在异乡为异客，每逢佳节倍思亲。

160. 劝君更尽一杯酒，西出阳关无故人。

161. 草枯鹰眼疾，雪尽马蹄轻。

162. 野旷天低树，江清月近人。

163. 绿树村边合，青山郭外斜。

164. 落霞与孤鹜齐飞，秋水共长天一色。

165. 海内存知己，天涯若比邻。

166. 马上相逢无纸笔，凭君传语报平安。

167. 南朝四百八十寺，多少楼台烟雨中。

168. 商女不知亡国恨，隔江犹唱后庭花。

169. 蜡烛有心还惜别，替人垂泪到天明。

170. 人世几回伤往事，山形依旧枕寒流。

171. 旧时王谢堂前燕，飞入寻常百姓家。

172. 沉舟侧畔千帆过，病树前头万木春。

173. 东边日出西边雨，道是无晴却有晴。

174. 千淘万漉虽辛苦，吹尽狂沙始到金。

175. 春蚕到死丝方尽，蜡炬成灰泪始干。

176. 身无彩凤双飞翼，心有灵犀一点通。

177. 天意怜幽草，人间重晚晴。
178. 鸡声茅店月，人迹板桥霜。
179. 采得百花成蜜后，为谁辛苦为谁甜。
180. 苦恨年年压金线，为他人作嫁衣裳。
181. 梨花院落溶溶月，柳絮池塘淡淡风。
182. 何当共剪西窗烛，却话巴山夜雨时。
183. 庄生晓梦迷蝴蝶，望帝春心托杜鹃。
184. 蝉噪林愈静，鸟鸣山更幽。
185. 洛阳亲友如相问，一片冰心在玉壶。
186. 欲穷千里目，更上一层楼。
187. 晴川历历汉阳树，芳草萋萋鹦鹉洲。
188. 扬子江头杨柳春，杨花愁杀渡江人。
189. 鸟宿池边树，僧敲月下门。
190. 谁言寸草心，报得三春晖。
191. 莫愁前路无知己，天下谁人不识君。
192. 海阔凭鱼跃，天高任鸟飞。
193. 莫道桑榆晚，为霞尚满天。
194. 曾经沧海难为水，除却巫山不是云。
195. 溪云初起日沉阁，山雨欲来风满楼。
196. 年年岁岁花相似，岁岁年年人不同。
197. 春潮带雨晚来急，野渡无人舟自横。
198. 劝君莫惜金缕衣，劝君惜取少年时。

199. 业精于勤荒于嬉，行成于思毁于随。

200. 蚍蜉撼大树，可笑不自量。

201. 李杜文章在，光焰万丈长。

202. 我有迷魂招不得，雄鸡一声天下白。

203. 男儿何不带吴钩，收取关山五十州。

204. 衰兰送客咸阳道，天若有情天亦老。

205. 女娲炼石补天处，石破天惊逗秋雨。

206. 春江潮水连海平，海上明月共潮生。

207. 时人莫小池中水，浅处无妨有卧龙。

208. 剪不断，理还乱，是离愁，别是一番滋味在心头。

209. 问君能有几多愁，恰似一江春水向东流。

210. 无可奈何花落去，似曾相识燕归来。

211. 风乍起，吹皱一池春水。

212. 流水落花春去也，天上人间。

213. 疏影横斜水清浅，暗香浮动月黄昏。

214. 但得众生皆得饱，不辞羸病卧残阳。

215. 出淤泥而不染，濯清涟而不妖。

216. 祸患常积于忽微，智勇多困于所溺。

217. 枝上柳绵吹又少，天涯何处无芳草。

218. 欲把西湖比西子，淡妆浓抹总相宜。

219. 山高月小，水落石出。

220. 大勇若怯，大智若愚。

221. 但愿人长久，千里共婵娟。

222. 人有悲欢离合，月有阴晴圆缺。

223. 当时明月在，曾照彩云归。

224. 黄梅时节家家雨，青草池塘处处蛙。

225. 沾衣欲湿杏花雨，吹面不寒杨柳风。

226. 一语天然万古新，豪华落尽见真淳。

227. 不是一番寒彻骨，怎得梅花扑鼻香。

228. 从来好事天生俭，自古瓜儿苦后甜。

229. 不识庐山真面目，只缘身在此山中。

230. 竹外桃花三两枝，春江水暖鸭先知。

231. 千门万户曈曈日，总把新桃换旧符。

232. 春风又绿江南岸，明月何时照我还。

233. 先天下之忧而忧，后天下之乐而乐。

234. 忧劳可以兴国，逸豫可以亡身。

235. 兼听则明，偏信则暗。

236. 明修栈道，暗度陈仓。

237. 兔死狐悲，物伤其类。

238. 金玉其外，败絮其中。

239. 由俭入奢易，由奢入俭难。

240. 一川烟草，满城风絮，梅子黄时雨。

241. 月上柳梢头，人约黄昏后。

242. 今宵酒醒何处？杨柳岸，晓风残月。

243. 衣带渐宽终不悔，为伊消得人憔悴。

244. 小荷才露尖尖角，早有蜻蜓立上头。

245. 接天莲叶无穷碧，映日荷花别样红。

246. 春色满园关不住，一枝红杏出墙来。

247. 绿杨烟外晓寒轻，红杏枝头春意闹。

248. 近水楼台先得月，向阳花木易为春。

249. 梅须逊雪三分白，雪却输梅一段香。

250. 等闲识得东风面，万紫千红总是春。

251. 问渠那得清如许？为有源头活水来。

252. 物是人非事事休，欲语泪先流。

253. 夜阑卧听风吹雨，铁马冰河入梦来。

254. 山重水复疑无路，柳暗花明又一村。

255. 纸上得来终觉浅，绝知此事要躬行。

256. 文章本天成，妙手偶得之。

257. 出师一表真名世，千载谁堪伯仲间。

258. 三万里河东入海，五千仞岳上摩天。

259. 位卑未敢忘忧国，事定犹须待阖棺。

260. 莫等闲，白了少年头，空悲切。

261. 三十功名尘与土，八千里路云和月。

262. 壮志饥餐胡虏肉，笑谈渴饮匈奴血。

263. 臣心一片磁针石，不指南方不肯休。

264. 人生自古谁无死，留取丹心照汗青。

265. 兴，百姓苦；亡，百姓苦。

266. 着意栽花花不发，等闲插柳柳成荫。

267. 路遥知马力，日久见人心。

268. 一言既出，驷马难追。

269. 欲加之罪，何患无辞。

270. 墙上芦苇，头重脚轻根底浅；山间竹笋，嘴尖皮厚腹中空。

271. 长江后浪推前浪，一代新人换旧人。

272. 知者行之始，行者知之成。

273. 但愿苍生俱饱暖，不辞辛苦出山林。

274. 清风两袖朝天去，免得闾阎话短长。

275. 粉身碎骨浑不怕，要留清白在人间。

276. 常将有日思无日，莫待无时思有时。

277. 破屋更遭连夜雨，漏船又遇打头风。

278. 画龙画虎难画骨，知人知面不知心。

279. 有缘千里来相会，无缘对面不相逢。

280. 字字看来皆是血，十年辛苦不寻常。

281. 心病终须心药治，解铃还须系铃人。

282. 世事洞明皆学问，人情练达即文章。

283. 天下兴亡，匹夫有责。

284. 铁肩担道义，辣手著文章。

285. 铁肩担道义，妙手著文章。

286. 落红不是无情物，化作春泥更护花。

287. 我劝天公重抖擞，不拘一格降人才。

288. 江山代有才人出，各领风骚数百年。

289. 埋骨岂须桑梓地，人生到处有青山。

290. 青山有幸埋忠骨，白铁无辜铸佞臣。

291. 千磨万击还坚劲，任尔东西南北风。

292. 我自横刀向天笑，去留肝胆两昆仑。

293. 苟利国家生死以，岂因祸福避趋之。

294. 海纳百川，有容乃大；壁立千仞，无欲则刚。

295. 友如作画须求淡，山似论文不喜平。

296. 书痴者文必工，艺痴者技必良。

297. 昨夜西风凋碧树，独上高楼，望尽天涯路。

298. 众里寻他千百度，蓦然回首，那人却在，灯火阑珊处。

299. 独行潭底影，数息树边身。

300. 故书不厌百回读，熟读深思子自知。

301. 一年好景君须记，最是橙黄橘绿时。

302. 凭君莫话封侯事，一将功成万骨枯。

303. 取义成仁今日事，人间遍种自由花。

304. 时危见臣节，世乱识忠良。

305. 顾小而忘大，后必有害；狐疑犹豫，后必有悔。

306. 鸟随鸾凤飞腾远，人伴贤良品自高。

307. 大直若曲，大巧若拙，大辩若讷。

308. 投之亡地而后存，陷之死地而后生。

309. 日中则移，月满则亏，物盛则衰。

310. 寄意寒星荃不察，我以我血荐轩辕。

311. 无情未必真豪杰，怜子如何不丈夫?

312. 血沃中原肥劲草，寒凝大地发春华。

313. 度尽劫波兄弟在，相逢一笑泯恩仇。

314. 心事浩茫连广宇，于无声处听惊雷。

315. 忍看朋辈成新鬼，怒向刀丛觅小诗。

316. 横眉冷对千夫指，俯首甘为孺子牛。

317. 一腔热血勤珍重，洒去犹能化碧涛。

318. 真的猛士，敢于直面惨淡的人生，敢于正视淋漓的鲜血。

319. 不在沉默中爆发，就在沉默中灭亡。

320. 待到山花烂漫时，她在丛中笑。

321. 神女应无恙，当惊世界殊。

322. 五岭逶迤腾细浪，乌蒙磅礴走泥丸。

323. 金沙水拍云崖暖，大渡桥横铁索寒。

324. 虎踞龙盘今胜昔，天翻地覆慨而慷。

325. 宜将剩勇追穷寇，不可沽名学霸王。

326. 天若有情天亦老，人间正道是沧桑。

327. 为有牺牲多壮志，敢教日月换新天。

328. 牢骚太盛防肠断，风物长宜放眼量。

329. 暮色苍茫看劲松，乱云飞渡仍从容。

330. 天生一个仙人洞，无限风光在险峰。

331. 红雨随心翻作浪，青山着意化为桥。

332. 千村薜荔人遗矢，万户萧疏鬼唱歌。

333. 中华儿女多奇志，不爱红装爱武装。

334. 萧瑟秋风今又是，换了人间。

335. 四海翻腾云水怒，五洲震荡风雷激。

336. 世上无难事，只要肯登攀。

337. 谁敢横刀立马，唯我彭大将军。

338. 斥鷃每闻欺大鸟，昆鸡长笑老鹰非。

339. 金猴奋起千钧棒，玉宇澄清万里埃。

340. 雄关漫道真如铁，而今迈步从头越。

341. 踏遍青山人未老，风景这边独好。

342. 江山如此多娇，引无数英雄竞折腰。

343. 大江歌罢掉头东，邃密群科济世穷。

344. 面壁十年图破壁，难酬蹈海亦英雄。

345. 与有肝胆人共事，从无字句处读书。

【佟先生教学心语】“中国诗文名句”专辑，是我特地为辅助中学生写作，以语文教材为基础，做适当延展，辑录而成的。它具有本人审美个性，也有个人知识视野的局限性。敝帚自珍，我自以为普适性、致用性较强，值得积累记忆，故编辑以出。

附录2 人大附中优秀议论文习作选

【作文题目】阅读下面的文字，根据要求作文。

成为一棵参天大树要满足很多条件：第一，时间。没有一棵大树是栽下树苗，就立刻枝繁叶茂的，一定是刻满了岁月密密的年轮。第二，不动。没有一棵大树是第一年种在这里，第二年栽在那里，而可以长成的，一定是经风霜历风雨，多少年岿然屹立。第三，扎根。没有一棵大树是根基浮浅的，一定是千百条根须深入地底，吸收养分。第四，向上。没有一棵大树是只长粗不长高的，一定是不断向上，争取空间。第五，趋光。没有一棵大树是长在黑暗里的，一定是向着亮处，获取更多阳光。……

以上材料给你怎样的联想或思考？请你自选角度，自拟题目，自定文体（诗歌除外），写一篇不少于800字的文章。

【学生习作1】角度一——时间

岁月的年轮

张爱玲曾说："成名须趁早。"我并不赞同。那个民国临水照花的传奇女子的这一句感叹鼓舞却又误导了多少年轻人。人们不应忘记，那些参天的大树并非一朝长成，而是刻满了密密麻麻岁月的年轮；那些真正的大师的成就也绝非一蹴而就，而是历经了岁月的打磨沉淀。

时间的风，披沙拣金。那些经受了时间的洗礼和过滤的作品才能成为时代的经典，那些禁得住岁月考验的人才会被历史铭记。是几十年的光阴，让曹雪芹写出了字字看来皆是血的《红楼梦》，让马克思笔下诞生了具有不朽价值的伟大著作《资本论》，让瓷圣何朝宗的手中磨出了观音神圣沉静的面容和微细而精致的衣褶，让徐悲鸿画纸之上的骏马奔腾灵动，威风凛凛，栩栩如生。陈寿说："墉基不可仓促而成，威名不可一朝而立。"那城墙只有慢慢垒砌才能严密坚实，也只有时间的推移才能让作品褪去瑕疵和棱角，使其完美无缺，让人心洗去轻浮铅华，使其厚重成熟。无数个春秋练出了厚重和深邃，练出了厚度与广度，也练出了完满和不朽。

如老子在《道德经》中所云："企者不立，跨者不行。"好高骛远与仓促向前都不会让人有所成就。这样急于求成，倒不如顺应时间的细流，一步一印地稳步前行。而这又谈何容易，又需要怎样的耐心与恒心！有耐心，在漫长的岁月里慢慢修炼，未见成效也不焦躁；有恒心，数十年如一日地坚守，不易其志。人生本就苦短，社会运转提速，使得这种耐心与恒心又愈发稀缺。当周围的人接连"出道"，荣誉又在面前闪耀，谁不愿意尽早功成名就？当岁月红了枫叶白了人头，谁还甘心耐住寂寞，再做十年无言的沉潜？人们不能再等了。可那“大师”的桂冠戴在头顶，却无论如何也得不到心灵的响应，因为心灵太功利、太急躁。是的，岁月催人，但耐不住岁月催促的人永远不会成就伟业；的确，岁月难熬，但禁得住岁月煎熬的人，终能有所作为，远逸众人。有人问：为何当代中国出不了大师？逃避岁月的洗礼未尝不是一种合理的解释。

风尘可以黯淡容颜，却也可以成就不朽。百年，长成一棵擎天的巨木；千秋，铸就一柄无敌的宝剑……

愿我们也能让岁月的年轮布满生命，细水长流，功到自然成。

【学生习作 2】角度二——不动

咬定山冈是青松

杨柳随风摆，青松立山冈。自从那一粒松子落在这破岩之中，它就开始生根发芽。它坚守着这一方土地，不曾移动过一丝一毫。它不畏惧此处狂风骤雨，也不艳羡别处鲜花盛开。咬定山冈，从此，不动；自此，不朽。

咬定一方土地，寸步不移，谈何容易。宁波天童寺有一联：“花繁柳密处能拨开，方见手段；风狂雨骤时可立定，才是脚跟。”别人的路上或许有太多的花红柳绿繁花似锦相诱惑，引得人们见异思迁，改换心志；自己的前路漫长而又艰险，风霜雪雨加之电闪雷鸣，让意志不够坚定的人背弃了初衷投奔他方。在这些情形下拔得开、站得定，不彷徨、不动摇的人才能有所成就。在长期的坚持中，他们的根扎得越来越深，内质也越来越坚实。他们有稳定的根基，不会因频繁移植而根系脆弱；他们有清醒的目光，不会因经常掉转航向而迷失自我。

任何一个领域，立住了，吃透了，才能成就极致的事业。在明代环境恶劣的山野间，李时珍站定了，观察、采集、辨识、印证，成就传世的“东方医学巨著”；在烈日当头布满荆棘的田畴里，袁隆平立住了，顶着政治高压试验研究，最终让稻香飘满世界。18 年，王选认准了汉字激光照排，不顾他人的不屑和耻笑，使中国印刷历史从“火与铅”一步跃入“光与电”；80 年，陈省身立足于数字事业，舍弃从政经商等名利诱惑，为数学事业运算了一生。

的确，有一些土地肥沃而另一些贫瘠，有一些领域光鲜而另一些艰难。然而，是金子到哪里都会发光，是百合到哪里都会花开，一粒执着无畏的种子在峭壁上也可长成直指天空的一棵青松，一个坚定不移的人即使是在黑夜里也能健步如飞。捷克作家伏契克曾说：“忠于理想——这是崇高而又有力的一种感情。”无论从事哪个行业，无论投身哪个领域，对它的绝对忠诚和从不动摇的执着都是有所作为的根本保障。俞敏洪更是通俗地告诉我们：“认准一件事，投入热情去做，你就能成功。”关键就在于这“认准”二字。认准了，立稳了，即使不能成功，也会拥有坚定执着的无悔。

莫做那频繁移栽而断了根的盆景，莫做那随风摇摆而折了腰的杨柳。长天大地，请做一棵咬定山冈不动不摇的青松，坚守自己脚下的一寸土地，冲向自己仰望的那方蓝天！

【学生习作3】角度三——扎根

扎根，文学常青

那无疑是“地球上最美丽最丑陋、最超脱最世俗、最圣洁最龌龊……最能喝酒最能爱的地方”。那是作家莫言深深扎根的土地。

雨果曾说：“诗人需要有一双翅膀飞向天空，可也需要一双脚留在土地上。”就像人需要故乡，文学也需要深深扎根的土壤。牢牢扎根，文学这棵树苗才有了稳固的基础，使它笔直挺秀地生长；才有了充足的养分，使它长得枝繁叶茂苍翠如水；才有了血液而非仅仅是皮囊，在鲜活的枝叶间一脉相承汩汩流淌；才有了灵魂而非仅仅是躯干，凝结着不朽的精神和信仰。扎根，文学才有了经久不息的生命力，任时代变迁而常青。

莫言植根的，是隐秘在胶东平原边缘的一片默默无言的土地。无数的岁月已经将这片土地上的一草一木、人们的一言一笑都烙在了他的心上，把独特的乡村风情和齐鲁文化浸透到了他的骨骼里。这里是他的创作源泉，以至于当他提起笔时，那里的屈从与反抗、寂静与狂欢就都历历在目。他把触角伸向高密东北乡这片神奇之土，纵向挖掘着，剖析它的历史变迁风土人情，又横向辐射着，延伸至中国广袤的乡村世界。莫言扎根于高密东北乡，让这片土地踏上了世界文学的版图，而莫言的文字，也如同红高粱地里流出的一条河，生生不息。

这条河不会干涸，这棵树不会枯萎，因为它们生长在坚实的大地上，接受着这里千年沉淀的文化的灌溉和滋润，连接着万千人民的生活，与他们共同呼吸。所以，老舍才会深入市井，在天坛一带与百姓一同辛苦劳动，扎根于老京城，摘得了“人民艺术家”的桂冠；余光中才会把一颗滚烫的赤子之心深深埋在黄河与长江之间，让文字与乡愁共融共生，令人动容。

画家吴冠中说：“脱离了具体画面的孤立的笔墨，其价值等于零。”同样，脱离了现实生活背景的文学，生命力不可能长久。那些流行的玄幻小说也赚足了年轻人的追捧和眼泪，但我们只能看到天马行空的想象，却找不到熟悉的人性、厚重的内核。因为缺乏根基，这些作品终究是海市蜃景而非传世经典。我们的民族和社会，更多需要的是根植于华夏热土的宝贵文字，是翻开纸页便能嗅到泥土芬芳、感受到火辣辣的生活热忱的文字。

扎根于斯，笔耕于斯。把心埋入泥土，方能长出一棵参天巨木来。千年常青，泽被后世。

【学生习作4】角度四——向上

向上，公司的力量

《公司的力量》一书中称当代公司为经济全球化背景下“国家征服世界的先锋”，有着巨大的力量。而我认为，公司的力量，源自向上。不断向上，从而突破局限，成就大业。

李大钊曾言：“不可以‘今’境自足，毫不拿出‘现在’的努力，谋‘将来’的发展。宜善用‘今’，以努力为‘将来’之创造。”这道出了向上的精神——永远不满足于现状，不断向着更广阔的空间发展创造。茫茫商业林海之中，具有不断开拓的向上精神的一家家公司，才能突破众树的屏障，崭露头角，脱颖而出，创造出新的高度，拥抱更广阔的天空。

绿竹万尺凌云犹且虚心着，不断向上生长。公司也应当如此，在更新换代如此迅速的电子产业中的公司更需要如此。“苹果”对人们的生活方式改造、对时代潮流的引领作用是人们有目共睹的，而这传奇的力量来自乔布斯的不停创新与发展。短短几年内，从音乐播放器到智能手机，从掌上电脑到笔记本……乔布斯一再攀登，争取全新的发展空间，用技术的进步与飞跃填满这一个个空间后，继续上攀，不断为电子领域领航。“高处不胜寒”，但是如果不全力以赴向高处攀登，那必然免不了感到被一浪高过一浪的商业大潮吞没的悲哀。当不懂得向上的摩托罗拉早已销声匿迹，当一度鼎盛的诺基亚也风光不再，当苹果公司的缔造者开拓者已远去，能否继续向上，再度以新鲜的产品惊艳世界，则是“苹果”能否延续辉煌的关键。

历史的车轮隆隆而过，中国商业负重前行。两道深深的车辙中，也走出了同样拥有这样的向上精神的攀登者。在建立了阿里巴巴之后，马云并未满足，继而成立了“淘宝”，带给了中国一个前所未有的电子商务网站。创建了“淘宝”之后，马云继续开拓，继而建立了“支付宝”，改造着中国的商业信用体系。新的领域、新的空间看上去充满风险和艰难，马云率领着一个个公司，兀自描摹着他们的蓝图，企望能更进一步地接近蓝天。这样的树木，不对众树所能获得的视野感到满足，不为整座森林的高度所局限。这样的公司，不为现实环境和已有的条件所束缚。它催动着自己不断向上，成为触摸最新高度的先行者，成为行业中的参天巨木，直指无际的天空。

鲁迅先生曾言：“不满是向上的车轮。”这向上的车轮永远运转，如月之恒，如日之升。它载着一个个公司的梦想，征服漫漫长路。商海如森林，公司如树木。向上，给了公司高拄长天的永恒力量。

【学生习作 5】角度五——趋光

心若向阳万木春

沉舟侧畔，千帆竞发；心若向阳，万木皆春。向往阳光的树苗更可能长成参天大树；同样，心怀光明的人往往更能有所作为，即便是在阴霾与黑暗里，也能冲破羁绊，健步如飞。

说起光明，人们不会不想起海伦·凯勒，那个怀着对光明异常执着的追求终于冲破命运所赐予的黑暗与寂静的传奇女子；人们不会不记得童话诗人顾城笔下那个要“在大地上画满窗子，让所有习惯黑暗的眼睛都习惯光明”的孩子；人们永远铭记贝多芬，那个“世界不给他欢乐，他却创造欢乐给予世界”的音乐大师；人们永远感激安徒生，一个裹着毯子用冰冷的手写下炭火般温暖的文字的人，全世界儿童共同的父亲！

黑暗如同囚笼，禁锢着生长与发展，心若是被黑暗笼罩，再强大的生命力也会消失，再茁壮的树苗也会枯萎。而光明，给予人们陷入低谷时抬头向前的精神火光，给予人们屡次失败以后依旧追寻理想世界的勇气和希望。趋光的花木早逢春，站到光亮中的人，更能实现人生的价值。

现代社会呼唤光明，更呼唤站到光明中的人。有网友戏言："看微博一天受的伤，要看一个月的新闻联播和一场春晚才能弥补。"虽是戏谑，但也展现出不同媒体的信息有着截然不同的色调。面对这些，人们便面临选择。一部分人成为某些悲观主义色彩的新闻和宣传的受众，对生活满腹牢骚，对社会丧失希望。而实际上，面向阳光，争取光明无疑是更好的一种选择。譬如郝劲松，深谙黑暗却又追寻光明。因为深谙黑暗，所以犀利地抓住社会矛盾与不公正的一个个漏洞；又因为追寻光明，所以一次次以公民的名义诉讼，推动社会做着微小却又迅速的改变，变成"宪法赋予我的那个世界"。他是生于阴霾却又追赶阳光的一棵巨木，为社会撑起了一方公正平等的天空，带来了更多的阳光。这样的人熟知社会的阴暗角落如同洞悉黑暗，但他们不会因此而绝望困顿。他们心怀光明，也肩负起推动社会向着理想的乌托邦前进的使命。这是社会所需要的"真正的公民"，是中国土地上挺立的一棵棵参天大树、栋梁之材。

蔡和森少年时曾说："我若相信崇高，崇高自与我同在。"我们是否也可以说，"我若心怀光明，光明自与我同在"？心若向阳，何惧黑暗？追求光明，万木皆春。毕竟——

你所站立的地方，正是你的中国。你有光明，中国便不再黑暗。

【寄弟子语】

在我所教的弟子中，刘子加是颇为勤奋的一个，也是我欣赏的弟子之一。人品学品决定学业的高度。一个文题五个立意角度，每篇都能达到一类文的水平，难能而且可贵。如此进取，学业之成指日可待。写作是高雅的精神劳作，是一个系统工程，是思想、学识、积累、表达等的综合体现。人才济济，各具形态，不一定都是写作水平高，但写作水平高一定是人才。

特出专版，以勉乎行，励其志。承望众弟子见贤思齐，共同进步！

国文老师佟世祥于癸巳春

第五讲
记叙文兼记叙性散文写作教与学

【导语】记叙文和记叙性散文写作，是中学写作教学的重要内容。这一讲，我们专讲记叙文写作，同时兼顾记叙性散文写作。

【板书】记叙文兼记叙性散文写作

【讲授】记叙文是以记人、叙事、写景、状物为主，以写人物的经历和事物发展变化为主要内容的一种文体形式。写好记叙文，一般要走好以下三步。第一步：我知道我该写什么。第二步：我知道写什么最好。第三步：我知道该怎样写。

一、　我知道我该写什么——审题立意

【讲授】写一篇文章，首先要知道我该写什么，即审题立意。写文章，无论是记事、写人，还是绘景、状物，都首先要考虑一个问题：通过写这些内容要表现怎样的思想、情感或说明什么道理。这就是立意，即确定中心思想。中心思想是文章的灵魂。一篇文章写什么，不写什么，什么地方当详，什么地方当略，以及如何安排顺序等，都要服从中心思想的需要。“意在笔先”是我国传统的写作经验。

中心思想怎样确立，要依据命题的题日或材料。因此，审题是关键。它决定文章是否符合题意，不要偏题，更不要跑题。如：以“发生在____的感人故事”为题，写一篇记叙文。这是一个限制性的半命题题目，中心词是“故事”。“故事”是真实的或虚构的作为讲述对象的事情，有连贯性，富吸引力，能感染人。这就要求作文可以写现实生活中真实的事，也可以虚构，写想象中的事。“发生在____的”，空白处可以填时间，如“黄昏”“暑假”等；可以填地点，如“操场上”或“火车站”等。当然，也可以写想象作文，写“发生在月球上的感人故事”等。

同学们写作文在确定中心思想时应做到以下几点：

一要健康，即文章要表达的思想必须是积极、进步、正确、有意义的，不能思想庸俗、格调低下。

二要明确，即文章要表现或说明什么，不但自己心中有数，而且让人读了也能清楚明白。不能信马由缰，似有若无。

三要集中，即一篇文章只表达一个中心思想，不能既想表现这个，又想说明那个。

如有可能，要争取有点儿深度，有点儿新意。

深度，是说要表现尽可能强烈的感情，揭示事物最本质、最有价值的方面。

新意，是说要表现新感受、新观念、新认识，道出人们未能道出的事理和心声。

健康、明确、集中，是基本要求，必须做到；深度、新意，是较高要求，争取做到。

二、　我知道写什么最好——选材典型新颖

【板书】我知道写什么最好——选材典型新颖

【讲授】我知道写什么最好，是在符合题意的基础上，选材力求典型新颖。我们知道，在表达水平不能快速提高的情况下，选材新颖是写作的一个重要的突破口。

那还是 20 世纪 70 年代，我上初中，我们的语文老师给全班订了一份《中国少年报》。那年“六一”儿童节，报刊搞了一次征文大赛，题目是“我的理想”，这是每一个学生都写过的题目。我看了选登的获奖作文，留下了很深的印象，至今记忆犹新。有一篇写的是：我的理想是当一名市长。如果我当市长，我会改造城市，使楼高路宽，林茂水绕；会建造文化场馆、科技园区；会改善市民生活……文笔流畅，感情充沛。有一篇文章写的是：我的理想是当一名现代化的农民。小作者畅想未来农民耕作的景象：坐在屋里，操作机器，农民不再“锄禾日当午，汗滴禾下土”……想象丰富，富有文采。从当市长到当农民，理想更现实一些，也更贴近实际。给我印象最深的是获得一等奖第一名的那篇文章。大致内容是：小的时候，我有一个习惯，是积攒水果糖糖纸。糖纸上有精美的图案，我拿来欣赏

并临摹，提高了我的绘画水平。从中我还学到很多知识，知道水果的成分及特点，并知道这糖的产地在哪儿。我积攒了许多糖纸，很好看，也很受用。但我发现有一个地方不产糖，我打开地图一看，这是祖国唯一没有铁路的地方。我的理想是到西藏去，到拉萨建一个糖厂，用青稞做原料……这篇文章来源于生活，平实朴素，且表现一个高尚的主题——到祖国最需要的地方去。其选材新颖，令人赞叹。

又如，在公交车上让座，一般来说，是写好人好事方面的题材。若从接受座位的不同表现上来写，则可以写出不同的主题来。我摘抄过这样一段文字："也许我真的老了，老得让人可怜同情。我刚一上车，就有一位青年急忙站起来，让座扶牵。我虽然感激地坐下了，可心里却一阵阵不安。让座的应该是我啊，有更长更弯的路等他去走，更高更陡的山等他去攀，应该积蓄力量的是他，可他偏偏吊臂而站。于是，我惭愧地提前下了车，把座位还给那位青年。"这是一个多么善解人意的可敬的老人啊！再如，一位母亲带着自己上小学的儿子上公交车，一位阿姨给小孩让座，这种情况下，大多数母亲会告诉孩子说："谢谢阿姨！"可是，这位母亲却说："不用，他已经到了该站着的年龄了。"为人母不患不慈，患不知教也。她在告诉自己的儿子，到了一定的年龄，就会有自己的身份、责任和义务。这位母亲重在教，可亲可贵！

可见，选材典型新奇，多么重要。毫不夸张地说，选材典型新颖是写记叙文成功的一半，选材泛泛、不典型，是写记叙文的大敌。

【思问】该怎样写出典型新颖的题材呢？

【讲授】简而言之，用眼观察生活，用心感受生活，深入领悟生活。

生活是丰富多彩的。可是，有些同学写作文时却常常感到生活平平淡淡，没有什么可写。究其原因，是缺乏对生活美的感觉、思考和发现。事实上，人们的生活并没有多大的差别，即使是那些著名作家，也不是都有不同于常人的特殊生活，只是他们的心灵比常人敏感，感情更丰富、更细腻，能够从生活中感受到那些令人心动的东西。我们要有意识地培养这种感觉、感情。

其实，要做到典型新颖，就是要选取能触动自己心灵的人和事。一言以蔽之：说真话，写真情。学作文的过程，也是学做人的过程。做人，首先要做真诚的人；作文，一定要讲心里的话。为什么要学写文章呢，不就是为了更好地交流思想、表达情感吗？试想，如果讲的话不实，表的情不真，这样的文章还有什么意义呢？我们提倡说真话、写实事、抒真情，而杜绝假话、空话、套话。要做到不虚情假意，不无病呻吟。

怎样才能做到写真情实感呢？

第一，说想说的话。

在日常生活、学习中，在与人相处、交往中，常会有些人和事引起我们的喜怒哀乐，引起我们的爱憎褒贬，引起我们的思索探究，引起我们的欲望追求。于是内心就挤满了想一吐为快的话：对父母养育感激的话，对弱者不幸同情的话，对新人新事赞美的话，对邪气污行痛斥的话，对光明未来向往的话，等等。于是内心深处就升腾起不可遏止的情感：高兴了，想与亲友分享；委屈了，想向知己诉说；遇不平，想愤怒疾呼；受感动，想挥笔抒发。既然有话在喉，想说就说；既然情动于衷，就尽情宣泄。这样的话，必定是实话；这样的情，必定是真情。作文，一定要说自己想说的话。

第二，记亲历的事。

真实的前提是对情况的了解。而最了解的事莫过于自己亲身经历的事了。亲身经历的事，不仅清楚它的来龙去脉，而且清楚自己的感情变化，写出来就自然而真实。同学们的经历有限，认识能力正在发展，可能不会涉及较大题材。但是大家有自己的童年，可以写自己天真烂漫的童趣，可以写自己无忧无虑的情感，可以写儿时纯洁无瑕的记忆。千万不要以为小孩子的事没有什么好写的，其实那是一个珍贵的宝藏，也许会让你终身受益。鲁迅不是写过《朝花夕拾》吗？所谓“朝花”就是少年时发生的事，“夕拾”就是在晚年把它们写出来的意思。

第三，写熟悉的人。

除了写自己，还要写到别人。这“别人”，当然应该是你最熟悉的了。最熟悉的莫过于你的家人。亲情，是人生真正的摇篮。此外你最熟悉的人该是你的亲友、邻居、同学和老师了。

这些人中，你觉得谁最好就写谁，写他留给你的最深印象：所为、所言、所想；哪些事情让你最受感动就写哪些事，写出事情的原委、人物的心灵和自己受到的震撼。自己先感动了，才会写出感动别人的文章。

这里所说的讲真话、写真情，并不是随心所欲、自然天成的，而是要求所写的文章，必须反映健康向上的思想，抒发高尚美好的情感，这种情感不是用美丽的辞藻编出来的，而是发自内心的。同时要求我们自身，必须满怀热情地投入生活。只有热爱生活，才会感悟生活的美好，才会发现有写不完的人和事。

总之，要写出有真情实感的文章，还必须不断提高思想觉悟，不断加强自身修养，到生活中去发现真善美。

【过渡】我知道我该写什么，我知道写什么最好，下面讲授“我知道该怎样写”。

三、　我知道该怎样写——谋篇行文

【板书】我知道该怎样写——谋篇行文

【讲授】写作有正道　　跟文章大家学写作，这是我的一贯主张。中国人学习“作诗”的方法是“熟读唐诗三百首”，中国人学习“作文”也可用此方法。读上一二百篇佳文妙章，就有了写好文章的底子。按照名篇佳作行文，自然不会走样。若投机取巧，学一些“提分技法”，装饰一下“文面”，就可能弄巧成拙，走入歧路，终不成章。如此行文，其害大矣；文如其人，人必危矣。正确的作文之道在这里：跟文章大家学写作。请看鲁迅的这篇文章——

一件小事[1]

鲁　迅

我从乡下跑到京城里，一转眼已经六年了。其间耳闻目睹的所谓国家大事，算起来也很不少；但在我心里，都不留什么痕迹，倘要我寻出这些事的影响来说，便只是增长了我的坏脾气，——老实说，便是教我一天比一天的看不起人。

但有一件小事，却于我有意义，将我从坏脾气里拖开，使我至今忘记不得。

这是民国六年的冬天，大北风刮得正猛，我因为生计关系，不得不一早在路上走。一路几乎遇不见人，好容易才雇定了一辆人力车，教他拉到S门去。不一会，北风小了，路上浮尘早已刮净，剩下一条洁白的大道来，车夫也

① 鲁迅．鲁迅全集．北京：人民文学出版社，2005：481－483．

跑得更快。刚近S门，忽而车把上带着一个人，慢慢地倒了。

跌倒的是一个女人，花白头发，衣服都很破烂。伊从马路边上突然向车前横截过来；车夫已经让开道，但伊的破棉背心没有上扣，微风吹着，向外展开，所以终于兜着车把。幸而车夫早有点停步，否则伊定要栽一个大觔斗，跌到头破血出了。

伊伏在地上；车夫便也立住脚。我料定这老女人并没有伤，又没有别人看见，便很怪他多事，要是自己惹出是非，也误了我的路。

我便对他说，“没有什么的。走你的罢!”

车夫毫不理会，——或者并没有听到，——却放下车子，扶那老女人慢慢起来，搀着臂膊立定，问伊说：

“您怎么啦?”

“我摔坏了。”

我想，我眼见你慢慢倒地，怎么会摔坏呢，装腔作势罢了，这真可憎恶。车夫多事，也正是自讨苦吃，现在你自己想法去。

车夫听了这老女人的话，却毫不踌躇，仍然搀着伊的臂膊，便一步一步的向前走。我有些诧异，忙看前面，是一所巡警分驻所，大风之后，外面也不见人。这车夫扶着那老女人，便正是向那大门走去。

我这时突然感到一种异样的感觉，觉得他满身灰尘的后影，刹时高大了，而且愈走愈大，须仰视才见。而且他对于我，渐渐的又几乎变成一种威压，甚而至于要榨出皮袍下面藏着的“小”来。

我的活力这时大约有些凝滞了，坐着没有动，也没有想，直到看见分驻所里走出一个巡警，才下了车。

巡警走近我说：“你自己雇车罢，他不能拉你了。”

我没有思索的从外套袋里抓出一大把铜元，交给巡警，说，“请你给他……”

风全住了，路上还很静。我走着，一面想，几乎怕敢想到我自己。以前的事姑且搁起，这一大把铜元又是什么意思？奖他么？我还能裁判车夫么？我不能回答自己。

这事到了现在，还是时时记起。我因此也时时熬了苦痛，努力的要想到我自己。几年来的文治武力，在我早如幼小时候所读过的“子曰诗云”一般，背不上半句了。独有这一件小事，却总是浮在我眼前，有时反更分明，教我惭愧，催我自新，并且增长我的勇气和希望。

一九二〇年七月。

《一件小事》是中国现代文学奠基人鲁迅创作的一篇小说，收录于小说集《呐喊》中。这篇小说讲述的是在 20 世纪 20 年代，车夫撞到人但并没有其他人看见，而他依然冒着被讹诈的风险去帮助老人的故事。文章短小精悍，情节真实可信，运用对比手法，塑造出人力车夫的高大形象。这篇小说曾被选入初中语文课本，不知现在还有否。鲁迅先生的文章应再增加几篇，这对中国少年的精神成长有益，我一直这样认为。言归正传，这篇小说我们可以当作一篇记叙文来读，从中学习作文的方法。因为小说是虚构的艺术，也是叙述的艺术。

小说的取材和主题，至今鲜活。《一件小事》叙写的是知识分子“我”从一个人力车夫身上看到生活的希望和获得改造自己力量的故事。作品以恳切真挚的笔致，描绘了人力车夫高大的正面形象，以充满热情的歌唱，抒发了作者对城市苦力劳动者的敬意和赞美。睁开眼睛看看现实：2011 年“小悦悦事件”，广东省佛山市两岁的小悦悦被两辆车相继碾压，18 名路人路过，都视而不见，漠然而去，最后拾荒阿姨陈贤妹上前施以援手。各地“碰瓷”事件、撞人逃逸事件时有发生……文中的人力车夫，这个勤劳善良、敢负责任、正直无私的高大的劳动者，至今仍是我们学习的榜样。

小说情节并没有什么波澜起伏，看起来甚至有点平淡无奇：人力车夫在路上无意中带倒了一位老女人，老女人自称“摔坏了”，但在雇主眼中她却是在“装腔作势”，而人力车夫不听雇主的催促，放弃了生意去帮助这位与自己不相识的老女人。最后雇主“我”深受感动，托警察将车费交与那名车夫。但是，在平淡的情节中透露着作者对车夫人性美的赞扬。

小说中的环境描写不多，但给人身临其境之感。如“大北风刮得正猛”“北风小了，路上浮尘早已刮净”“风全住了，路上还很静”等都是对“风”的刻画，说明当时天很冷，路上几乎没有人，就算是撞了人不管不顾逃走也没有关系，但是车夫并没有逃避责任，反而放弃生意，搀扶老女人。这些使得车夫的形象刹那间就高大起来。环境的描写塑造了一位灵魂形象高大的车夫，同时也抒发了作者对车夫的赞美。

小说采用多种描写方法将人物、事件写得具体生动。语言描写：有“我”劝告车夫，“没有什么的。走你的罢”；有车夫与老女人的对话；还有巡警的回话。行为描写：“车夫听了这老女人的话，却毫不踌躇，仍然搀着伊的臂膊，便一步一步的向前走。”心理描写：“我走着，一面想，几乎怕敢想到我自己。以前的事姑且搁起，这一大把铜元又是什么意思？奖他么？我还能裁判车夫么？我不能回答自己。”运用多种描写方法将事件写具体，是中学生记叙文写作的着力点。

在写作手法上，文章运用对比手法，将车夫和作为雇主的“我”对于同一件事的不同态度进行对照，并且以“我”的前后思想变化作对比，显露出“我”自私自利的渺小，映射出车夫的勤劳善良、正直无私、光明磊落、敢做敢当、关心别人的高大形象，表达了作者对车夫这类劳动者的赞美之情。这种对比的妙处在于以间接而含蓄的笔墨突出劳动者的朴实无私。文章首尾相合，结尾以反思笔法，点明这件小事的主题意义，抒写自己的思想感受，精神境界得到升华，文章品位由此提升。

从鲁迅的《一件小事》和其他文章家的作品中，我们认识到：文有定法。要写好记叙文，需注意以下几点。

【板书】一、取舍和加工材料

【讲授】当题材、事件选定之后，需要对其进行加工改造。艺术来源于生活，但不是生活的实录，我们需要对其进行加工，使情节更集中紧凑，人物更富有个性，主题更鲜明突出。文学来源于生活，又高于生活。对材料进行取舍，要以中心思想为依据。对材料进行加工，要在符合生活逻辑的前提下，充分发挥想象。

【板书】1. 取舍材料：以中心思想为依据进行取舍

2. 加工材料：在符合生活逻辑的前提下，充分发挥想象，既源于生活，又高于生活

【解说】有一篇习作，题目是"我的母亲"。这位学生写他的家在山里，母亲很能干，由于父亲在外上班，家里的农活都由母亲来做，上山种地，侍弄果树。她还是一名医生，周围十里八乡的村民都来找她看病。所以，母亲平时很忙碌，很少陪伴他。那天正好是星期天，也是他的生日，好不容易母亲能和家人一起吃顿晚饭，不巧，邻村三里屯一位妇女难产，母亲又被叫走，直到深夜才回来。这是个真实的故事，我了解这位学生。这篇文章选材很好，只是成文能力一般。我便给他提出以下建议：(1) 为主题集中起见，删除母亲上山干农活的内容，只选取母亲作为医生

为乡村人治病这方面的内容来写。(2)母亲给人看病，平时无论早晚，不分远近，随时出诊，有求必应，略写；将你生日这一天母亲出诊的情况详写。(3)展开想象，你生日这一天，可能发生一些什么事，能突出你母亲作为医生救死扶伤、急人所急的优秀品质？最后，学生是这样修改的："这一天是我的生日，整年劳碌的母亲也忙里偷闲，做好饭菜陪我，一家人在一起，其乐融融。傍晚的时候，下起了小雨，给山村人家增添了几分朦胧的诗意，我开心极了。在我们吃饭的时候，急促的电话铃声响起，母亲接过电话，显出焦急的神色，原来是邻村三里屯一家妇女难产，很危险。母亲放下电话，急忙打理好出行的药物用具，披上雨衣，推上自行车，消失在雨幕中……母亲很晚很晚才回来，高兴地跟我说：'母子平安……'"

这篇习作修改得较成功，对母亲出诊接生这一材料进行了取舍加工，过生日、傍晚下雨路滑、难产呼救、母亲夜诊……用具体行为、事件表现母亲作为医生的优秀品质——急人之困，治病救人。俗话说："无巧不成书。"这个"巧"就是作者艺术加工的结果，将事件在符合事理情理和生活逻辑的情况下进行精心编排，用以丰富情节、表现人物、突出矛盾、彰显主题。源于生活，高于生活，便有文学艺术。

【板书】二、运用多种描写方法，将人物事件写具体生动

【讲授】描写方法可分为人物描写、景物描写和场面描写。我们先来讲人物描写的方法——

【板书】1. 人物描写：语言描写　行动描写　外貌描写　心理描写

【讲授】记叙文从内容上讲，有以写人为主的，有以记事为主的。写人、记事的记叙文，若要将事件写得具体生动，就要综合运用多种人物描写的方法。

语言描写

言为心声，语言是人的思想感情的表白，写好人物的语言，是表现人物精神面貌的重要手段。语言描写，就是对人物说话作具体描绘和摹写，包括个人独白、双方对话和多人交谈。语言描写，要符合人物实际。由于年龄、性别、身份、性格等的不同，人们往往有不同的说话方式和语言习惯。这就需要平时认真观察各种人物的说话情态、语调、用语、习惯等，体验特点，把握规律。

语言描写，最重要的是必须从刻画人物性格、推动事件发展、表达中心思想出发。否则，人物的语言描写就失去了意义。

行动描写

一个人做什么，怎样做，是受其思想感情支配的，写人物的行动也是为了揭示人物的内心世界和性格特征。行动描写，就是对人物行为、动作进行具体描绘和摹写。

写人物行动，不仅要表现人物“做什么”，更重要的是写好他“怎样做”；要善于发现和选择人物具体的、有个性特征和典型意义的行为、动作进行描写；还要善于选择合适的动词，以便准确、精练、传神地表现动作。

外貌描写

外貌描写指对人物的容貌、神情、姿态、衣饰等外在面貌和形象的描写，也称肖像描写。人的外貌与他的社会地位、生活环境、性格特点、心理状态密切相关。因此，外貌描写也是揭示人物身份、职业、经历、性格，反映人物精神状态和内心世界的重要手段。

外貌描写要抓住特征，尽管从头到脚都是外貌描写的范围，但是面面俱到反而会造成个性不突出。因此要选择最能体现人物性格的外部特征来描写，要在人物外貌的独特处下功夫。外貌描写要形神结合。不要为写外貌而写外貌，而要把外在的形貌与心理、性格结合起来描写。对人物外貌可以一次性描写，也可以分几次进行描写。

心理描写

心理描写指对人物内心世界和内心活动的描绘和摹写。心理描写是刻画人物性格的重要手段，只有写出人物心理，才会有深度，见本质。

心理活动描写可以运用多种方法表达。如用“想”“觉得”等词语引出心理活动描写；直接采用人物自言自语、内心独白的形式；或者通过梦境、幻觉表现心理。

【过渡】我们以《父爱的高度》一文为例加以说明。

[例文]

父爱的高度

吴宏博

好多年都没有看过露天电影了。

记得小时候，家在农村，那时电视、碟机这类玩意在乡下压根就没见过，更别说是享用了。所以要是逢有哪个村子放电影，周围十里八村的人就都赶着去，在那露天地里，黑压压的一片，煞是壮观。

那时父亲还年轻，也是个电影迷。每遇此等好事，就蹬着他那辆已不可能再永久下去的老“永久”自行车，带着我摸黑去赶热闹。

到了电影场，父亲把车子在身边一撑，就远远地站在人群后边。我那时还没有别人坐的板凳腿高，父亲就每每把我架在他的脖子上，直至电影结束才放下。记得有一次，看《白蛇传》，骑在父亲的脖子上睡着了，竟尿了父亲一身，父亲拍拍我的屁股蛋子，笑着说：“嗨！嗨！醒醒，都‘水漫金山’了！”

一晃好多年就过去了，我已长得比父亲还高，在人多的地方，再也不用靠父亲的肩头撑高了。

春节回家，一天听说邻村有人结婚，晚上放电影，儿时的几个玩伴就邀我一同去凑热闹。我对父亲说：“爸，我去看电影了！”

父亲说：“去就去嘛，还说什么，又不是小孩子了！”

“你不去？”

“你自个去吧，我都六十几的人了，凑什么热闹！”

来到电影场，人不算多，找个位置站定。过了不大一会，身边来了一对父子，小孩直嚷嚷自己看不见，如多年前父亲的动作一样，那位父亲一边说着“这里谁也没你的位置好！”一边托孩子骑在了自己脖子上，孩子在高处咯咯地笑着。

我不知怎么搞的，眼一下子就湿润了。这么多年了，我一直在寻找一个能准确代表父爱的动作，眼前这一幕不就是我找寻的结果吗？

想起了许多往事，再也无心看电影。独自回家。

敲门。父母已睡了，父亲披着上衣来开门，“怎么这么早就回来了，电影不好？”

看着昏黄灯光里父亲花白的头发和那已明显驼下去的脊背，我泪一下子涌了出来，什么也没回答，只是把自己身上那件刚才出门时父亲给披上的大衣又披到了他单薄的身上。

是啊，父亲一生都在为儿子做着基石，把儿子使劲向最理想的高度托，托着托着，不知不觉间自己就累弯了腰，老了。

我知道，这一生，无论我人生的坐标有多高，都高不出那份父爱的高度，虽然它是无形的，可我心中有把尺啊！

——摘自《读者》

【解说】《父爱的高度》一文，成功地运用了语言描写、行为描写、外貌描写、心理描写，将父爱的高度写得具体深入，生动感人。

语言描写 如：父亲拍拍我的屁股蛋子，笑着说："嗨！嗨！醒醒，都'水漫金山'了！"

行为描写 如：到了电影场，父亲把车子在身边一撑，就远远地站在人群后边。我那时还没有别人坐的板凳腿高，父亲就每每把我架在他的脖子上，直至电影结束才放下。其中，"撑""站""架"等动词，用得准确。

外貌描写 如：昏黄灯光里父亲花白的头发和那已明显驼下去的脊背。

心理描写 如：我知道，这一生，无论我人生的坐标有多高，都高不出那份父爱的高度，虽然它是无形的，可我心中有把尺啊！

这四种描写方法综合运用，就将父亲对我的爱写得具体生动、淋漓尽致。爱就在"嗨！嗨！醒醒，都'水漫金山'了！"这句机智自然的话语里；爱就在"撑""站""架"这些动作里；爱就在对父亲"花白的头发和那已明显驼下去的脊背"的描写里；爱就在"我知道，这一生，无论我人生的坐标有多高，都高不出那份父爱的高度"这句内心独白里。

运用多种人物描写的方法将事件写具体，这是中学生写好记叙文的重要方法和能力，要着重训练，逐步提高。此能力不进，记叙文写作无前途。

【过渡】下面讲景物描写在记叙文中的运用。

【板书】2. 景物描写：景语即情语

【讲授】在记叙类文章中，景物描写常具有交代环境、渲染气氛、烘托人物或作者思想感情的作用。用文字描写景物跟画家作画一样，在确定描绘的对象之后，总要先站在一个特定的观察点上，用心审视景物的全貌以及重要的细节，然后一层一层地写来，务求能呈现出一个清晰可见的画面。从这个意义上说，一段写景的文字就是一幅画。这是写景的基本要求。但是，仅仅达到这个要求还不够，还应当写出景物的特征来。景物的特征就是某处景物在形态、布局、格调、氛围等方面区别于他处景物的地方。换言之，它是这一处景物所独有的，他处景物不会有或者不会跟它完全相似的。

我上小学时，见过一篇文章，开头一段就是景物描写："天阴得沉沉的，下雪了。雪花在空中乱纷纷地飞舞，轻轻地落在地上，转眼间，一切景物都变成白的了。田野里安安静静，没有一点儿声音，也没有一点儿响动。这时，从县城匆匆走出一个骑毛驴的老大娘来，后面还跟着一个年轻小伙子，不时挥动着鞭杆儿，吆喝着牲口。"记不清文章题目了，这段景物描写交代了时间、天气状况，烘托出了老大娘慈祥和蔼的形象。再如：

秋收，秋耕，秋种，都要忙完了。正是大好的打猎季节。我们到红石崖去访问打豹英雄董昆。

深秋的太阳没遮拦地照在身上，煦暖得像阳春三月。一路上踏着软软的衰草，一会儿走田埂，一会儿走沟畔，不知不觉就是十里八里。田野里很静，高粱秸竖成攒，像一座一座的尖塔；收获的庄稼堆成垛，像稳稳矗立的小山。成群的鸽子在路上啄食，频频地点着头，咕咕咕呼唤着，文静地挪动着脚步。它们不怕人，只是在人们走近的时候，好像给人让路一样，哄的一声飞起，打一个旋，又唰的一声在远远的前面落下。村边场园里，晒豆子的，打芝麻的，剥苞米的，到处有说有笑，是一派热闹的丰收景象。

——吴伯箫《猎户》

这段深秋田野、丰收景象的描写，如诗如画，渲染了作者去采访打豹英雄董昆时的喜悦心情，同时也暗示了打猎的意义——保护农业生产。

写记叙文，若想写出诗情画意来，就要用景物描写。景物描写首先要抓住景物本身的特点，不仅要区别物种的差别，还要注意地域和时令的不同。松树不等于柏树，江南不同于中原，初秋有别于深秋。景物描写还要突出感情特点。景物因人的主观色彩而异，同样的景物，在不同人眼里，会有不同的反映。这跟观景人的修养、心境和审美情趣有关。同学们在阅读写作中要细心体会。

【思问】记叙文中的场面描写该怎样写呢？

【讲授】场面描写，就是对一个特定的时间与地点内许多人物活动的总体情况的描写。它往往是叙述、描写、抒情等表述方法的综合运用，是自然景色、社会环境、人物活动等描写对象的集中表现。常见的有劳动场面、战斗场面、运动场面以及各种会议场面等。

描写场面，要有场景的“面”上的勾勒描绘，还要聚焦做“点”上的具体描写。点面结合，表达一个中心。比如，都德的《最后一课》——

> 我一纵身跨过板凳就坐下。我的心稍微平静了一点儿，我才注意到，我们的老师今天穿上了他那件挺漂亮的绿色礼服，打着皱边的领结，戴着那顶绣边的小黑丝帽。这套衣帽，他只在督学来视察或者发奖的日子才穿戴。而且整个教室有一种不平常的严肃的气氛。最使我吃惊的是，后边几排一向空着的板凳上坐着好些镇上的人，他们也跟我们一样肃静。其中有郝叟老头儿，戴着他那顶三角帽，有从前的镇长，从前的邮递员，还有些旁的人，个个看来都很忧愁。郝叟还带着一本书边破了的初级读本，他把书翻开，摊在膝头上，书上横放着他那副大眼镜。
>
> 我看见这些情形，正在诧异，韩麦尔先生已经坐上椅子，像刚才对我说话那样，又柔和又严肃地对我们说：“我的孩子们，这是我最后一次给你们上课了。柏林已经来了

命令，阿尔萨斯和洛林的学校只许教德语了。新老师明天就到。今天是你们最后一堂法语课，我希望你们多多用心学习。”

这是小说《最后一课》教室里上课场景的描写。“面”的勾勒描绘：教室后面几排板凳上坐着好些镇上的人，教室里有一种不平常的严肃气氛。“点”的具体描写：韩麦尔先生的外貌和讲课情形。通过这个授课场面描写，写出了“最后一课”的庄正严肃，表现了深沉的爱国情感。

【板书】3. 场面描写：点面结合　重点突出

【小结】人物描写、景物描写、场面描写，是写好记叙文的基本功，可做专项练习，以提高描写水平，写出出色的记叙文。

【板书】三、用真实生动的细节写出人物的个性

【讲授】写人的记叙文，要写出人物的个性特征。个性特征，指的是一个人在思想、品质、行为、习惯等方面异于他人的特征。这些特征是在特定的社会环境和生活经历中形成的。由于人们的生活经历和所处的社会环境各不相同，因而个性的差异是普遍存在的，即使是同一种思想品质，在表现形式上也总有这样那样的区别，不会完全相同，善于表现人物的个性特征，文章才有可能打动读者。

所以，我们要用真实生动的细节写出人物的个性。细节描写是具体表现事物特征的重要手段。一个人做了些什么以及怎

样做的，都表现在他的言谈举止、神情心态之中，必须着力写好这方面的细节，读者才能确切地感知他的个性；同时，环境方面的描写也不容忽视，因为人物的言谈举止、神情心态只有在特定的环境中，才具有表现个性的意义。这两方面的细节都写得真实生动，人物个性自然鲜明。

例如《儒林外史》中的吝啬鬼严监生。他临死时，挤了一屋子人，桌上点着一盏灯。“严监生喉咙里痰响得一进一出，一声不倒一声的，总不得断气，还把手从被单里拿出来，伸着两个指头。”大侄子、二侄子、奶妈都不懂其意，只有刚被扶正的后妻赵氏晓得他的意思，知道是因为灯茎里点的是两茎灯草，恐费了油，忙走去挑掉一茎。严监生这才“点一点头，把手垂下，登时就没了气”。因为多点了一茎灯草而死不瞑目，他的吝啬真是深入骨髓。平日里他是如何行事的，不待作者多花笔墨来点明，读者自然早已心领神会。那临死时举着的两根指头，也让严监生这一中国文学画廊中吝啬鬼的形象深入人心。

上文《父爱的高度》写道：“那位父亲一边说着‘这里谁也没你的位置好！’一边托孩子骑在了自己脖子上，孩子在高处咯咯地笑着。”一个“托”字，是为“父爱的高度”点睛，父爱的伟大，一词足以当之。

真实生动的细节来源于生活。一定要认真感受生活，仔细观察周围人们的言谈举止和神情心态，必要时还应当做一点记录，这样才能积累起丰富的写作素材。

【板书】四、详写一两个具体材料，略写概括材料，详略得当

【讲授】写人记事，不能不分主次，对材料的安排必须有详有略，这就是平时我们所说的详写和略写。

所谓详写，是指用较多的笔墨和篇幅，对人和事作较为详尽细致的记叙和描写。所谓略写，是指用较少的笔墨和篇幅，对人事作简要大略的记叙和描写。

详写是具体的，略写就意味着概括。确定详略的基本依据，是看材料与文章表现意图的关系，即与文章中心思想的关系。如《社戏》一文，主要通过看社戏表达作者对少年时代生活的怀念，特别是对农家小朋友诚挚友谊的眷恋。为了鲜明地表现这一主题，作者浓墨重彩地铺写看社戏，包括看戏前的波折、看戏途中、看戏过程和看戏后归来，令人读来如身临其境，深受感染。

与文章中心关系不大的材料，一般应写得简略些。但略写的材料并不是可有可无的，如果完全省掉不写，或者会使情节不完整，前后不连贯，或者会使文章不具体、单调，影响主要内容。以《分马》为例，除了详写郭全海外，文中还略写了赵大嫂子、老初、白大嫂子、张景瑞的后娘等一批积极分子的代表，他们在分马过程中都表现出了高姿态。课文正是以这样一组群体正面烘托了郭全海这个人物形象。除了详写老孙头外，文中还略写了老王太太、老田太太等较为落后的人物，虽然他

们在分马、换马过程中表现了不同程度的自私心理，但他们或在抠出韩老五的事件中立了功，或在别人帮助下同意换走自己中意的马，他们和老孙头一样，有缺点但愿意改正，他们不失为土改中依靠的基本力量。这些次要人物不仅烘托了主要人物，而且突出了教育农民是项长期而艰巨的任务这一思想。略写也是为中心思想服务的。

再以都德的《最后一课》为例：

> 语法课完了，我们又上习字课。那一天，韩麦尔先生发给我们新的字帖，帖上都是美丽的圆体字："法兰西""阿尔萨斯""法兰西""阿尔萨斯"。这些字帖挂在我们课桌的铁杆上，就好像许多面小国旗在教室里飘扬。个个都那么专心，教室里那么安静！只听见钢笔在纸上沙沙地响。有时候一些金甲虫飞进来，但是谁都不注意，连最小的孩子也不分心，他们正在专心画"杠子"，好像那也算是法国字。屋顶上鸽子咕咕咕咕地低声叫着，我心里想："他们该不会强迫这些鸽子也用德国话唱歌吧！"
>
> 我每次抬起头来，总看见韩麦尔先生坐在椅子里，一动也不动，瞪着眼看周围的东西，好像要把这小教室里的东西都装在眼睛里带走似的。只要想想：四十年来，他一直在这里，窗外是他的小院子，面前是他的学生；用了多年的课桌和椅子，擦光了，磨损了；院子里的胡桃树长高了；他亲手栽的紫藤，如今也绕着窗口一直爬到屋顶了。

> 可怜的人啊，现在要他跟这一切分手，叫他怎么不伤心呢？何况又听见他的妹妹在楼上走来走去收拾行李！他们明天就要永远离开这个地方了。
>
> 可是他有足够的勇气把今天的功课坚持到底。习字课完了，他又教了一堂历史。接着又教初级班拼他们的 ba，be，bi，bo，bu。在教室后排座位上，郝叟老头儿已经戴上眼镜，两手捧着他那本初级读本，跟他们一起拼这些字母。他感情激动，连声音都发抖了。听到他古怪的声音，我们又想笑，又难过。啊！这最后一课，我真永远忘不了！

作者把语法课写得最详细，习字课次之；历史课一笔带过，初级班拼音课稍详。这几段文字详略分明，错落有致；既全面概括，又重点突出；张弛有度，主次分明。

详与略是相对的。详，并不意味着啰啰唆唆；略，也不意味着简单敷衍。写人记事的作文，详略不当的突出表现是记流水账。其原因，一是想到哪儿写到哪儿，事先不作详略安排；二是对所表达的中心思想不明确，不知哪些该详，哪些该略。

【板书】**五、记叙、抒情、议论相结合**

【讲授】记叙中议论、抒情一般是作者在叙述过程中抑制不住强烈的思想感情，或自然升华出的某些观点主张，使用议论、抒情的笔调直接表达出来。这不仅可以使文章的思想内容深化，得到更加鲜明的体现，而且具有强烈的感染作用。

在写作中要把握好记叙与议论、抒情的关系。叙事是主体，文字自然要长些；议论、抒情是水到渠成，画龙点睛，三言两语即可。

请允许我用我学过的一篇课文——朱德《回忆我的母亲》——为例，不仅因为此例典型，更出于对老一辈革命家的敬意。朱德同志非常怀念他的母亲，他把母亲勤劳、善良、支持革命的品质看成我们中华民族的美德。因此，在文章结尾，作者饱含深情地写道："母亲现在离我而去了，我将永不能再见她一面了，这个哀痛是无法补救的。母亲是一个平凡的人，她只是中国千百万劳动人民中的一员，但是，正是这千百万人创造了和创造着中国的历史。"这就深刻地表现出了朱德同志对母亲的无限怀念以及对中国劳动人民无限热爱的思想感情。

在我的印象里，记叙、议论、抒情相结合，运用得好的作品当是魏巍的《谁是最可爱的人》，特别推介如下。

谁是最可爱的人

魏　巍

在朝鲜的每一天，我都被一些东西感动着；我的思想感情的潮水，在放纵奔流着；我想把一切东西都告诉给我祖国的朋友们。但我最急于告诉你们的，是我思想感情的一段重要经历，这就是：我越来越深刻地感觉到谁是我们最可爱的人！

谁是我们最可爱的人呢？我们的战士，我感到他们是最可爱的人。

也许还有人心里隐隐约约地说：你说的就是那些“兵”吗？他们看来是很平凡、很简单的哩，既看不出他们有什么高深的知识，又看不出他们有什么丰富的感情。可是，我要说，这是由于他跟我们的战士接触太少，还没有了解我们的战士：他们的品质是那样的纯洁和高尚，他们的意志是那样的坚韧和刚强，他们的气质是那样的淳朴和谦逊，他们的胸怀是那样的美丽和宽广！

让我还是来说一段故事吧。

还是在二次战役的时候，有一支志愿军的部队向敌后猛插，去切断军隅里敌人的逃路。当他们赶到书堂站时，逃敌也恰恰赶到那里，眼看就要从汽车路上开过去。这支部队的先头连就匆匆占领了汽车路边一个很低的光光的小山冈，阻住敌人。一场壮烈的搏斗就开始了。敌人为了逃命，用了32架飞机、10多辆坦克发起集团冲锋，向这个连的阵地汹涌卷来，整个山顶的土都被打翻了，汽油弹的火焰把这个阵地烧红了。但是，勇士们在这烟与火的山冈上，高喊着口号，一次又一次把敌人打死在阵地前面。敌人的死尸像谷子似的在山前堆满了，血也把这山冈流红了。可是敌人还是要拼死争夺，好使自己的主力不致覆灭。这场激战整整持续了八个小时。最后，勇士们的子弹打光了。

蜂拥上来的敌人占领了山头，把他们压到山脚。飞机掷下的汽油弹把他们的身上烧着了火。这时候，勇士们是仍然不会后退的呀，他们把枪一摔，向敌人扑去，身上帽子上呼呼地冒着火苗，把敌人抱住，让身上的火，也把占领阵地的敌人烧死。……据这个营的营长告诉我，战后，这个连的阵地上，枪支完全摔碎了，机枪零件扔得满山都是。烈士们的遗体，保留着各种各样的姿势。有抱住敌人腰的，有抱住敌人头的，有掐住敌人脖子把敌人摁倒在地上的，和敌人倒在一起，烧在一起。有一个战士，他手里还紧握着一个手榴弹，弹体上沾满脑浆；和他死在一起的美国鬼子，脑浆迸裂，涂了一地。另一个战士，嘴里还衔着敌人的半块耳朵。在掩埋烈士遗体的时候，由于他们两手扣着，把敌人抱得那样紧，分都分不开，以致把有些人的手指都掰断了。……这个连虽然伤亡很大，他们却打死了300多敌人，更重要的，他们使得我们部队的主力赶上来，聚歼了敌人。

这就是朝鲜战场上一次最壮烈的战斗——松骨峰战斗，或者叫书堂站战斗。假若需要立纪念碑的话，让我把带火扑敌和用刺刀跟敌人拼死在一起的烈士们的名字记下吧。他们的名字是：王金传、邢玉堂、井玉琢、王文英、熊官全、王金侯、赵锡杰、隋金山、李玉安、丁振岱、张贵生、崔玉亮、李树国。还有一个战士，已经不可能知道他的名字了。让我们的烈士们千载万世永垂不朽吧！

这个营的营长向我叙说了以上的情形，他的声调是缓慢的，他的感情是沉重的。他说在阵地上掩埋烈士的时候，他掉了眼泪。但是，他接着说："你不要以为我是为他们伤心，不，我是为他们骄傲！我觉得我们的战士太伟大了，太可爱了，我不能不被他们感动得掉下泪来。"

朋友，当你听到这段英雄事迹的时候，你的感想如何呢？你不觉得我们的战士是可爱的吗？你不以我们的祖国有着这样的英雄而自豪吗？

我们的战士，对敌人这样狠，而对朝鲜人民却是那样的爱，充满国际主义的深厚热情。

在汉江北岸，我遇到一个青年战士，他今年才 21 岁，名叫马玉祥，是黑龙江青冈县人。他长着一副微黑透红的脸膛，高高的个儿，站在那儿，像秋天田野里一株红高粱那样淳朴可爱。不过因为他才从阵地上下来，显得稍微疲劳些，眼里的红丝还没有退净。他原来是炮兵连的。有一天夜里，他被一阵哭声惊醒了，出去一看，是一个朝鲜老妈妈坐在山冈上哭。原来她的房子被炸毁了，她在山里搭了个窝棚，窝棚又被炸毁了。回来，他马上到连部要求调到步兵连去，正好步兵连也需要人，就批准了他。我说："在炮兵连不是一样打敌人吗？""那，不同！"他说，"离敌人越近，越觉着打得过瘾，越觉着打得解恨！"

在汉江南岸阻击敌人的日子里，有一天他从阵地上下来做饭。刚一进村，有几架敌机袭过来，打了一阵机关炮，接着就扔下了两个大燃烧弹。有几间房子着了火，火又盛，烟又大，使人不敢到跟前去。这时候，他听见烟火里有一个小孩子哇哇哭叫的声音。他马上穿过浓烟到近处一看，一个朝鲜的中年男人在院子里倒着，小孩子的哭声还在屋里。他走到屋门口，屋门口的火苗呼呼的，已经进不去人，门窗的纸已经烧着。小孩子的哭声随着那滚滚的浓烟传出来，听得真真切切。当他叙述到这里的时候，他说："我能够不进去吗？我不能！我想，要在祖国遇见这种情形，我能够进去，那么，在朝鲜我就可以不进去吗？朝鲜人民和我们祖国的人民不是一样的吗？我就踹开门，扑了进去。呀！满屋子灰洞洞的烟，只能听见小孩哭，看不见人。我的眼也睁不开，脸烫得像刀割一般。我也不知道自己的身上着了火没有，我也不管它了，只是在地上乱摸。先摸着一个大人，拉了拉没拉动；又向大人的身后摸，才摸着小孩的腿，我就一把抓着抱起来，跳出门去。我一看小孩子，是挺好的一个小孩儿啊。他穿着小短袖儿，光着两条小腿儿，小腿儿乱蹬着，哇哇地哭。我心想：'不管你哭不哭，不救活你家大人，谁养活你哩！'这时候，火更大了，屋子里的家具什物也烧着了。我就把他往地上一放，就又从那火门里钻了进去，一拉那个大人，她哼了一声，我就使劲往外拉，见她又不动了。凑近一看，见她脸上流下来的血已经把她胸前的白衣染红了，眼睛已经闭上。我知道她不行了，才赶忙跳出门外，扑灭身上的火苗，抱起这个无父无母的孩子。……”

朋友，当你听到这段事迹的时候，你的感觉又是如何呢？你不觉得我们的战士是最可爱的人吗？

谁都知道，朝鲜战场是艰苦些。但战士们是怎样想的呢？有一次，我见到一个战士，在防空洞里，吃一口炒面，就一口雪。我问他：“你不觉得苦吗?”他把正送往嘴里的一勺雪收回来，笑了笑，说：“怎么能不觉得？我们革命军队又不是个怪物。不过我们的光荣也就在这里。”他把小勺儿干脆放下，兴奋地说，“就拿吃雪来说吧。我在这里吃雪，正是为了我们祖国的人民不吃雪。他们可以坐在挺豁亮的屋子里，泡上一壶茶，守住个小火炉子，想吃点什么就做点什么。”他又指了指狭小潮湿的防空洞说，“再比如蹲防空洞吧，多憋闷得慌哩，眼看着外面好好的太阳不能晒，光光的马路不能走。可是我在这里蹲防空洞，祖国的人民就可以不蹲防空洞啊，他们就可以在马路上不慌不忙地走啊。他们想骑车子也行，想走路也行，边溜达边说话也行。只要能使人民得到幸福，就是我们最大的幸福。所以，”他又把雪放到嘴里，像总结似的说，“我在这里流点血不算什么，吃这点苦又算什么哩!”我又问：“你想不想祖国啊?”他笑起来：“谁不想哩，说不想，那是假话，可是我不愿意回去。如果回去，祖国的老百姓问，‘我们托付给你们的任务完成得怎么样啦?’我怎么答对呢?我说‘朝鲜半边红，半边黑’，这算什么话呢?”我接着问：“你们经历了这么多危险，吃了这么多苦，你们对祖国对朝鲜有什么要求吗?”他想了一下，才回答我：“我们什么也不要。可是说心里话，——我这话可不一定恰当啊，我们是想要这么大的一个东西……”他笑着，用手指比个铜子儿大小，怕我不明白，“一块‘朝鲜解放纪念章’，我们愿意戴在胸脯上，回到咱们的祖国去。”

朋友们，用不着多举例，你们已经可以了解我们的战士是怎样一种人，这种人有一种什么品质，他们的灵魂多么地美丽和宽广。他们是历史上、世界上第一流的战士，第一流的人！他们是世界上一切伟大人民的优秀之花！是我们值得骄傲的祖国之花，我们以我们的祖国有这样的英雄而骄傲，我们以生在这个英雄的国度而自豪！

亲爱的朋友们，当你坐上早晨第一列电车驰向工厂的时候，当你扛上犁耙走向田野的时候，当你喝完一杯豆浆、提着书包走向学校的时候，当你坐到办公桌前开始这一天工作的时候，当你往孩子口里塞苹果的时候，当你和爱人一起散步的时候……朋友，你是否意识到你是在幸福之中呢?你也许很惊讶地说：“这是很平常的呀!”可是，从朝鲜归来的人，会知道你正生活在幸福中。请你意识到这是一种幸福吧，因为只有你意识到这一点，你才能更深刻了解我们的战士在朝鲜奋不顾身的原因。朋友！你是这么爱我们的祖国，爱我们的伟大领袖毛主席，你一定会深深地爱我们的战士，——他们确实是我们最可爱的人！

文章《谁是最可爱的人》，最初发表于 1951 年 4 月 11 日《人民日报》，在广大人民心中激起了强烈的共鸣。散文通过三个既各自独立，又珠联璧合的事例，层层深入地展示了志愿军战士的性格、胸怀和品质。文章还在开头、结尾及中间，和谐地加入抒情议论。深邃的思想，潮水似的感情，交融在一起，通过优美的语言，倾流而出。

跟魏巍学写作！这部优秀作品有以下几个值得我们学习的方面。

首先，选材典型精当。在这篇文章中，作者魏巍共选取记叙了三个典型事例：松骨峰的战斗、救朝鲜小孩、防空洞谈话。在写作时，魏巍从 20 多个最为生动的故事中，几经推敲、删减，最后选定了三个最能表现志愿军战士英雄本色的典型事例。由于感受深刻，魏巍下笔如神，一气呵成，一天多时间就完成了。而这三个事例分别表现了我们志愿军战士品质精神的三个方面：英雄主义、国际主义、乐观主义。典型！精当！堪称完美。

其次，画龙点睛的抒情议论。我们总览一下抒情议论语段：

谁是我们最可爱的人呢？我们的战士，我感到他们是最可爱的人。……我们的战士：他们的品质是那样的纯洁和高尚，他们的意志是那样的坚韧和刚强，他们的气质是那样的淳朴和谦逊，他们的胸怀是那样的美丽和宽广！

…………

朋友，当你听到这段英雄事迹的时候，你的感想如何呢？你不觉得我们的战士是可爱的吗？你不以我们的祖国有着这样的英雄而自豪吗？

…………

朋友，当你听到这段事迹的时候，你的感觉又是如何呢？你不觉得我们的战士是最可爱的人吗？

…………

朋友们，用不着多举例，你们已经可以了解我们的战士是怎样一种人，这种人有一种什么品质，他们的灵魂多么地美丽和宽广。他们是历史上、世界上第一流的战士，第一流的人！他们是世界上一切伟大人民的优秀之花！是我们值得骄傲的祖国之花，我们以我们的祖国有这样的英雄而骄傲，我们以生在这个英雄的国度而自豪！

……朋友！你是这么爱我们的祖国，爱我们的伟大领袖毛主席，你一定会深深地爱我们的战士，——他们确实是我们最可爱的人！

综合起来看，这几段抒情议论就像美丽的宝石镶嵌在文章中，在那里熠熠闪光。它们揭示主题，升华感情，具有直抵人心的感染力量！

除此之外，写作最重要的，还是要有真情实感。作者认为，在现实生活中深入感受，对写作的人非常重要。感受得深了，写出来，就必然有那么一股子劲。深入的感受，跟深入的采访很有关系。跟他们谈得深，对他们了解得深，他们的气质、思想、感情，就会感染你，使你也沉入他们的情绪中。在表现主题时，首先，作者希图追求最本质的东西。其次，用最能代表一般的典型例子，来说明本质的东西，给人的印象是清楚明白的，也会是突出的。写战士写得生动的奥秘是，不仅应写战士的英雄行为，还要写出英雄行为中的英雄的思想感情。不能把战士写得像一个投手榴弹的机器，不能只写战士的一层皮，而要写出英雄的生命和灵魂。如果把活的人写死了，把英雄的人写成了纸人纸马，那么再出奇惊人的事迹，也觉得不太感动人。当读者感到原来做出这样英勇行为的人，是跟自己一样有血有肉的人，即使例子不太突出，仍然会感人的。这给我们很大的启示：写作要深入生活，对所记叙的对象要有深切的感受。水满则溢，情满亦溢，不是吗？这是治愈“无病呻吟”的良药。

至此，我还有要说的话。我们要高举英雄主义旗帜！我们这个民族是一个英雄辈出的民族，自古以来的文化始终贯穿着英雄主义。在这样的社会文化、文艺氛围下，男孩子从小就树立了成为国家脊梁的意识，尤其新中国成立以后，学英雄、做英雄，成为中国人特别是男孩子的崇高理想。可进入 20 世纪 90 年代以后，由于种种历史、经济、文化主题的变奏，导致英雄退役，崇高贬值……一些男孩子由崇尚英雄变成了崇拜各类明星，他们喜欢做所谓的“酷男孩”——那样的发型、那样的衣着、那样的表情——就是很“前卫”的那类男孩。“80 后”“90 后”“00 后”，这些概念的提出，本身就别有意味。要知道，培养出大批的优秀男孩是一个民族的希望，而培育大批的“酷男孩”，是一个民族的自残行为。记得去世的母亲曾跟我说过一句话：“冷了迎风站，饿了腆肚行。”意思是：在人群中，自己穿不暖，风来了，站在迎风口，说“不冷”；因为吃不饱，饿了，腆着肚子说“不饿”。这不是死要面子，这叫“刚志”。男人就应该这样，跌倒了，牙掉了，咽下去，背着人哭过之后，坚定地站在自己的父母和妻子儿女面前。养英雄气，做男子汉。我倡导男生要长志气，勇于担当，有责任感。因此，我强烈推荐大家学习魏巍的《谁是最可爱的人》这篇杰作。请允许我化用郁达夫《怀鲁迅》文中那段振聋发聩的话：“没有伟大英雄出现的民族，是世界上最可怜的生物之群；有了伟大英雄，而不知拥护、爱戴、崇仰的国家，是没有希望的奴隶之邦。”让我们爱英雄，学英雄，做英雄！

四、　记叙文的一般结构

【过渡】我知道我该写什么——审题立意；我知道写什么最好——选材典型新颖；我知道我该怎样写——谋篇行文。下面我们讲记叙文的一般结构。

【板书】记叙文的一般结构——凤头、猪肚、豹尾

【讲授】凤头、猪肚、豹尾，语出自元代陶宗仪《南村辍耕录》："乔吉博学多能，以乐府称，尝云：'作乐府亦有法，曰凤头、猪肚、豹尾六字是也'。"这是一种对诗文创作的开头、主体以及结尾的比喻说法。就是说，文章的起头要奇句夺目，引人入胜，如同凤头一样俊美精彩；文章的主体要言之有物，紧凑而有气势，如同猪肚一样充实丰满；文章的结尾要转出别意，宕开警策，如同豹尾一样雄劲潇洒。

【板书】一、凤头

【讲授】凤头，顾名思义，就是要有凤凰的头部一样美丽、精彩的开头。常言道，好的开头是成功的一半。文章的开头，是作者思路的起点，它关系到全文写作意图的实施，中心思想的表达，情节结构的安排等。文章开头多种多样，不拘一格。

【板书】1. 开门见山，直入正题

【解说】如，《从百草园到三味书屋》："我家的后面有一个很大的园，相传叫作百草园。现在是早已并屋子一起卖给朱文公的子孙了，连那最末次的相见也已经隔了七八年，其中似乎确凿只有一些野草；但那时却是我的乐园。"这就是起笔点题，为全文敞开门户。

【板书】2. 介绍背景，说明缘由

【解说】如，《我们表演了团体操》："一九七二年六月一日，我们在北京首都体育馆表演团体操。这次表演，将受到中央首长的检验，请外国来宾参观。这是一次非常难得的机会。"这就交代了背景，说明了情况。

【板书】3. 提出问题，引人关注

【解说】如，《新邻居》："最近，我家搬来一个新邻居，姓吴的。他的家具都是大大小小的书架子，我很奇怪，这位老人双目失明，买这么多书干什么呢?"倒叙开篇，设置悬念，吸引读者，引人入胜。

【板书】4. 描绘环境，烘托气氛

【解说】如，托尔斯泰《穷人》："渔夫的妻子桑娜坐在火炉旁补一张破帆。屋外寒风呼啸，汹涌澎湃的海浪拍击着海岸，溅起一阵阵浪花。海上正起着风暴，外面又黑又冷，在这间渔家的小屋里却温暖而舒适。地扫得干干净净，炉子里的火还没有熄，餐具在搁板上闪闪发亮。在挂着白色帐子的床上，五个孩子正在海风呼啸声中安静地睡着。丈夫清早驾着小船出海，这时候还没有回来。桑娜听着波涛的轰鸣和狂风的怒吼，感到心惊肉跳。”用室外自然环境和室内生活环境的描写，来烘托人物、展开故事、渲染气氛。

还有的引述故事，以调动阅读兴趣；有的引述诗文，来营造某种意境；有的刻画形象，来增加文章魅力；等等。

【小结】要之，好的开头应当言简意赅，入题快捷，生动新颖，富有吸引力，便于下文展开。应避免下笔千言，离题万里。

【过渡】讲完凤头，我们讲“猪肚”。

【板书】二、猪肚

【讲授】猪肚，顾名思义，喻指文章主体内容要像猪的肚子一样饱满而圆实。有了精彩的开头，自然不能在文章的主体上华而不实。主体是文章的中心，要像猪肚子那样有充实、丰富、饱满的内容。切记：不能拖沓、华而不实。如，朱自清的《背影》是一篇记叙性散文——

背　影[①]

朱自清

【凤头】我与父亲不相见已二年余了，我最不能忘记的

① 朱自清．背影//谢玲．读者文摘．北京：北京工业大学出版社，2016（9）.

是他的背影。

【猪肚】那年冬天，祖母死了，父亲的差使也交卸了，正是祸不单行的日子，我从北京到徐州，打算跟着父亲奔丧回家。到徐州见着父亲，看见满院狼藉的东西，又想起祖母，不禁簌簌地流下眼泪。父亲说，“事已如此，不必难过，好在天无绝人之路！”

回家变卖典质，父亲还了亏空；又借钱办了丧事。这些日子，家中光景很是惨淡，一半为了丧事，一半为了父亲赋闲。丧事完毕，父亲要到南京谋事，我也要回北京念书，我们便同行。

到南京时，有朋友约去游逛，勾留了一日；第二日上午便须渡江到浦口，下午上车北去。父亲因为事忙，本已说定不送我，叫旅馆里一个熟识的茶房陪我同去。他再三嘱咐茶房，甚是仔细。但他终于不放心，怕茶房不妥帖；颇踌躇了一会。其实我那年已二十岁，北京已来往过两三次，是没有甚么要紧的了。他踌躇了一会，终于决定还是自己送我去。我两三回劝他不必去；他只说：“不要紧，他们去不好！”

我们过了江，进了车站。我买票，他忙着照看行李。行李太多了，得向脚夫行些小费，才可过去。他便又忙着和他们讲价钱。我那时真是聪明过分，总觉他说话不大漂亮，非自己插嘴不可。但他终于讲定了价钱；就送我上车。他给我拣定了靠车门的一张椅子；我将他给我做的紫毛大衣铺好座位。他嘱我路上小心，夜里警醒些，不要受凉。又嘱托茶房好好照应我。我心里暗笑他的迂；他们只认得钱，托他们真是白托！而且我这样大年纪的人，难道还不能料理自己么？唉，我现在想想，那时真是太聪明了！

我说道，“爸爸，你走吧。”他望车外看了看说：“我买几个橘子去。你就在此地，不要走动。”我看那边月台的栅栏外有几个卖东西的等着顾客。走到那边月台，须穿过铁道，须跳下去又爬上去。父亲是一个胖子，走过去自然要费事些。我本来要去的，他不肯，只好让他去。我看见他戴着黑布小帽，穿着黑布大马褂，深青布棉袍，蹒跚地走到铁道边，慢慢探身下去，尚不大难。可是他穿过铁道，要爬上那边月台，就不容易了。他用两手攀着上面，两脚再向上缩；他肥胖的身子向左微倾，显出努力的样子。这时我看见他的背影，我的泪很快地流下来了。我赶紧拭干了泪，怕他看见，也怕别人看见。我再向外看时，他已抱了朱红的橘子往回走了。过铁道时，他先将橘子散放在地上，自己慢慢爬下，再抱起橘子走。到这边时，我赶紧去搀他。他和我走到车上，将橘子一股脑儿放在我的皮大衣上。于是扑扑衣上的泥土，心里很轻松似的，过一会说，“我走了；到那边来信！”我望着他走出去。他走了几步，回过头看见我，说，“进去吧，里边没人。”等他的背影混入来来往往的人里，再找不着了，我便进来坐下，我的眼泪又来了。

> 【豹尾】近几年来，父亲和我都是东奔西走，家中光景是一日不如一日。他少年出外谋生，独力支持，做了许多大事。那知老境却如此颓唐！他触目伤怀，自然情不能自已。情郁于中，自然要发之于外；家庭琐屑便往往触他之怒。他待我渐渐不同往日。但最近两年的不见，他终于忘却我的不好，只是惦记着我，惦记着我的儿子。我北来后，他写了一信给我，信中说道："我身体平安，惟膀子疼痛利害，举箸提笔，诸多不便，大约大去之期不远矣。"我读到此处，在晶莹的泪光中，又看见那肥胖的，青布棉袍，黑布马褂的背影。唉！我不知何时再能与他相见！
>
> 一九二五年十月在北京

作者截取事物状态中最鲜明的片断——父亲的背影，通过特写，抒发了浓浓的父子之情。第 2～6 自然段是全文的主体，可分为三层。第一层（第 2、3 自然段），交代这次父子离别时的家庭境况，为写"背影"渲染悲凉的气氛。第二层（第 4、5 自然段），写父亲在送行时对"我"的悉心关照，为写"背影"作铺垫。第三层（第 6 自然段），描写父亲艰难地过铁道、爬月台去买橘子的"背影"，抒发真挚的感情。这一段是全文的核心段落，文章开头说的"最不能忘记"的"背影"就在这一段中。

【板书】三、豹尾

【讲授】豹尾，顾名思义，喻指文章的结尾要像豹的尾巴一样简洁有力。文学家夏丏尊先生有段妙语："结尾是文章完了的地方，但结尾最忌的却是真个完了。要文字虽完了而意义还没有尽，使读者好像嚼橄榄，已经咽下去而嘴里还有余味；又好像听音乐，已经到了末拍而耳朵里还有余音，那才是好的结尾。”

结尾的方法，应据文章的体裁、内容而定。常见的有以下几种。

【板书】1. **点题式结尾**

【解说】如，上文朱自清《背影》的结尾：“……我北来后，他写了一信给我，信中说道：‘我身体平安，惟膀子疼痛利害，举箸提笔，诸多不便，大约大去之期不远矣。’我读到此处，在晶莹的泪光中，又看见那肥胖的，青布棉袍，黑布马褂的背影。唉！我不知何时再能与他相见！”这是第四次写“我”流泪，这是为疼惜父亲而流，是伤心的泪。这也是第四次写到“背影”，不仅回应了标题和前文，使文章结构严谨，也从儿子疼惜父亲的角度反衬出父爱的力量，进一步深化了主题。最后直接抒发对父亲的怀念之情，余音不绝，情思绵绵。结尾点题，画龙点睛，此法当用。

【板书】2. **自然式结尾**

【解说】如，吴伯箫《猎户》的结尾：“谈着谈着，不觉已经是晌午。天晴了。很好的太阳。”访问打豹英雄董昆结束，文章自然收笔，流畅自然。

【板书】3. *启发式结尾*

【解说】如，《一个不服输的人》结尾："'困难像弹簧，你弱它就强。'朋友，你也有这个体会吧。"结尾富有启发性，发人深省。

结尾的方法也是多种多样的：有的以抒情收篇；有的引诗句结文；有的水到渠成，卒章显志；有的展示未来，鼓舞士气；有的篇末呼告，寄予期望；等等。

要之，结尾总的要求是：自然合理，简洁有力，意味深长，并注意与文题或开头呼应，使文章圆满完整。既不虎头蛇尾，草率收兵，也不画蛇添足，累赘冗长。

【结语】联曰："从生活悟道，岂寺庙参禅。"生活自有道，何必去寺庙？做生活的有心人，用眼观察生活，用心感受生活，深入思考生活，掌握行文技法，用笔书写生活，是写作记叙文的正道。当然，它更是写好"想象作文"的基础，当着力用功。

附录　人大附中优秀记叙文兼记叙性散文习作选

【作文题目 1】请以"____依然在"为题，先将题目补充完整，写一篇不少于 800 字的文章，除诗歌外，文体不限。

【学生习作1】

真善依然在

人大附中　吴浦远

小区里经常游荡着一个单身汉，人们管他叫“傻子”。傻子不论寒暑，不戴帽子，还剃光头，走路时手中举着烟，腆着肚子，一摇一摆，样子颇像是旧时代的官僚。

听旁的人说，傻子出生时并不傻，后来得了一种诡异的病，行为和发育就受了影响，因此看上去疯疯癫癫的，被人称为“傻子”。

傻子到了该上学的年龄，家人便送他去了单位的附属小学。但是傻子总在课堂上做出怪异的举动，扰乱课堂秩序，于是那些正常孩子的家长开始担心如此长期下去会影响自己孩子的学业，没多久就联名上报学校，逼迫傻子退学。据说傻子被家长领出学校时，眼眶是湿的。

没有文化，精神和行为上又表现得十分异常，傻子最终没有找到工作，只能在楼宇间闲逛。社区是大学的家属区，出入这里的多是有知识、讲体面的知识分子。人们每每经过傻子，总不免低下头，或是将头转向另一边，急行几步。傻子倒也热情，每见来人，必要问候几句。若是在清早，人们行色匆匆地赶去上班，这时傻子遇到来人，定会举起宽厚的大手，憨厚一笑：“走好。”若是到了暮色低垂，人们又匆匆往家赶时，傻子也一定要问一句：“您回来了？”但无论是清晨伴着鸟鸣的送别，还是日落时伴着晚风的问候，路人全不理睬，偶然有几个有闲情的倒是会淡淡地“嗯”一声以示回应，除此之外，绝无多话，绝不停留。

那日，我骑车回家，远见傻子又在拐角处徘徊了，我用力地蹬踏自行车，以求快些过去，不料车子一抖，放在车后的书包掉了。我立即刹车，但愿傻子不会注意到这些。然而，回头看时，傻子已将书包从地上拾起，向我走来。及至身旁，见我不接，又用手掸去了上面的尘土。我接过书包，再抬头时，傻子一声不吭，一摇一摆地向远处走去了。暮色中，他手中的烟一闪一闪，忽明忽暗。然而，这微弱的火光却骤然照亮了周围的昏暗。

这篇文章，傻子断然是看不到的。即便看到，他也必然读不懂。然而，当今社会中，那些认得汉字，甚而认得英文的人，也不一定能读懂傻子，读懂他眼中可以凝滞半晌的天空，可以从盛到败的花朵，也不一定可以体味他无邪的纯真所带来的趣味。倒是傻子，让我感到，在这个世界中，如此的“傻人”依然在，如此的真善依然没有消失。

但愿如此的“傻子”能多一些吧。

【学生习作 2】

北平依然在

人大附中　袁帅

忘记了多少年以前，我脚下的这片土地改了名儿叫

“北京”；也就从那时候开始，热闹的四合小院被摩天大楼取代，面塑糖人儿去了庙会的角落里苟延残喘，也没有了长悠悠的一嗓子“冰糖葫芦——”甜进人的心坎儿里……

然而，当我以为老北平已经死去了，它却又以一种坚实温暖、不曾改变的样子，在新城市的中心向我展开了怀抱。北平，从未离开。

从五号线北海站出地铁口儿，脚底下刚乘坐的那趟列车开过，地面还在微微颤抖，面前的空气却有点儿灰扑扑的，裹着一团一团让人心动的古旧与熟悉，顺着人的呼吸直漫到心底：那灰砖灰瓦黄琉璃，映着北平最宝贝的一片儿水；有辫子的电车，慢悠悠地溜达在柏油马路上；买上一块草纸包的驴打滚儿塞进嘴里，粉黄的豆面儿染得唇边的空气都香喷喷的；马路边有一个一个小小的入口，挤进去，就是一条安静恬美的老胡同儿，像翻开一张折叠着的剪纸，一下子，在眼前打开了一个精巧红火的小世界。咕咕叫的鸽子、红城墙、豆汁儿、油亮亮的糖耳朵，蓝天绿树之下，它们陪伴着不远处的玻璃大厦、立交桥，一点儿也不显胆怯自卑。

脚步穿进鼓楼的胡同儿，时间尚早，却有一些人已经拎鸟牵狗买早餐去。他们有老有少有男有女，却一样迈着阔气大剌剌的步伐，端着京戏架子，像是一个方步跨出去，嘴里就会抖出一句念白来；提笼架鸟儿的北京“板儿爷”

穿着白麻布对襟儿短褂，灯笼黑裤；白头发的老太太提溜着小板凳儿坐在墙根里一晒太阳就是一整天；花蝴蝶似的小孩儿飞跑在狭窄的砖土路上，嗓门放大了笑着，闹着。北平的人儿从每天的日出日落里一直走过来，走了上百年，百年间依然故我。

东四十条、西单、王府井，新城北京的中心，天天车水马龙，霓虹闪烁，“潮人”、老外，也都爱去；但那也是北平的心，老北平把它的精气神儿留在那儿，在这个城市钢筋水泥包裹的外表下，北平坚守着内里那一块上好紫檀雕就的心。北平的勤快，有人依然早起早睡作息规律地践行；北平的义气，让人依然会在公交车上抓住小偷的手大喝一声；北平的和谐和包容，是老北平人爱花护草的双手、冬天门栓上挂的火红的辣椒和夏天风干的咸鳜鱼；北平最引以为傲的大气和热情，则深入进了每一丝“京味儿”里，每一个开朗的笑容、每一幕文化激流的平静淡定中。一切的一切，都让那个存在于记忆中老得有些发黄的北平在人的心上渐渐复苏，焕发美丽的容光；或者说，其实它就一直活在我、我们——这些住在这片土地上的人的心灵深处……

那天，某条胡同里看北平日落的我遇到了一条胖墩墩的纯白色京巴儿。它就那么安静地趴在路中间，来往的人车全都得绕道走。我走过去，伸出手抚摸它的头顶，它张开漆黑的眼睛，映出金红的晚霞。那一刻，老北平的景儿、人、事儿、精气神儿，全都具象到了那双眼睛里，安详，又有着巨大的活力。

名字没了，北平却依然在，依然风华绝代。

【作文题目 2】请以“声音的味道”为题，自选角度，自定立意，自选文体（诗歌除外），写一篇不少于 800 字的文章。

【学生习作 3】

声音的味道

人大附中　李卓婉

小时候，耳边日日都是叽叽喳喳拉家常的声音。

下午三四点，午睡醒来，那声音便从楼下飘上来。张家的孩子要上小学了，李家的丈夫被提拔了；我们家那位工作忙，你们家那位愿意做饭洗衣服……叽叽喳喳连成一线，就像五线谱上一排密密麻麻的八分音符，嘟嘟嘟响个不停。时不时，还冒出一个长调“咦——”，家乡话七拐八拐的调调，尖细的声音，不绝如缕，光听着，你就能想象出那睁圆的眼睛，伸长的脖子。就这样，每个下午，听那声音，看奶奶鸡毛掸子扫荡起的灰尘在屋里盘旋，柴米油盐的味道，让刚睡醒的人又要沉沉睡去。

早上公园里，边跑步边说；集贸上，边摆摊边聊；马路边，熟人一见哈哈不停——这城市的背景音到哪儿也少不了。

那天我上学摔了个跟头，裤子破了，眼镜折了，脸流血了，那声音也没少。从地上爬起来，四周便红的绿的围上一圈。“咦，不小心。”“爸妈呢？”“呦，女孩子摔了脸呀！”“看那摔的！”一片热闹的声音。然后便与我搭话。“我们送你回家呗？”“问问她家在哪。”边上一个接话道。“帮我打个电话吧。”“那也行。”“喂，你孙女摔了一跤呀……”便又开始说了。挂了电话人也不散。“嘿，你要不然到那诊所打个破伤风？”“先找个地儿坐坐。”“咋摔的呀？”“那眼镜儿还得新配哇？”笑眯眯的眼睛闪着光。我站在一圈人中间，不答话，只是害羞地笑，等爷爷到来解围。“你带她瞧瞧去，搞不好留疤。”“就是就是，上五医院看看去。”爷爷来了，他们也不停，照旧说，也搞不清楚是说给爷爷的，还是自己絮叨的……

事情解决，道声谢谢，我渐渐明白：不管有事没事，大事小事，这里的人们都这样——像树上的鸟一样，围坐一圈，热热闹闹，团团圆圆，平平淡淡。讲述的时候就小喇叭一样地响起来，感慨的时候小号一样长鸣一声：“咦——呀——”他们这样表达关切，他们这样讲述生活，他们这样成为邻里，我这样认识了他们。日子就在这些声音里水一样流走，这个城市的孩子闻着这声音的味道一天天长大。

长大了便离开。耳边是男士皮鞋啪嗒的声音，是午觉醒来车水马龙川流不息的声音，是隔壁小孩弹钢琴的声音。日子照样过，只不过再也没了那份热闹，到哪都是一个人，即使摩肩接踵也没了置身人群中的温暖。

那天我去老昌平照相馆，一间黑暗狭小的屋，几个老北京腔调的人，一排小马扎，门前一坐便开始絮叨。看着看着，我忽然怀念那拉家常的声音——

置身其中时，那里面有生活的味道；远离的时候，声音里又生一段如何也剪不断的乡愁。

【学生习作4】

声音的味道

人大附中　谭秋原

“有约不来过夜半，闲敲棋子落灯花。”我一直认为这之中的“敲”字用得甚妙，每每读到此处，就仿佛在耳边听到棋子在盘面上落下时发出的清脆声响。

记得当时学棋时，在规则还没有了解完全时，老师便开始教我们如何执棋：食指在上，中指在下，将其夹牢，接触到棋盘时，便伸直中指，半是压半是滑地将棋子放置在棋盘上。此时，便会传来清脆的“啪”的一声属于围棋的独一无二的脆响。这种声响便被形容为“正”。

想来是当时还年幼，不曾感受到什么味道。仅仅是有时形势有利时便把手抬得很高，重重地落下，拍得棋盘乒乓作响，几乎要震得周围的子微微一跳；落后时则不及拿稳便匆匆落下，留下一道黏腻的滑行声。每至此时，老师便让我把刚落下的棋子拿起来，规规矩矩地重新坐好，然后以规范的姿势重新落下，在棋盘上留下那一声清脆的声音。

我一直试图找出这样做的缘由，然而，直到我与我启蒙老师不在一同下棋，也未明其理。后来我又与许多老师学过围棋，一直保持着那种最标准的坐姿，最标准的落子方法，以及那声最干净的脆响。同时，我也听到越来越多的落子声。有人偏爱最后一下按得重，于是声响大而坚定；有人习惯于将食指抽得很慢，于是声音便轻缓而沉稳。前者多积极进取，而后者多厚实稳重。我开始感觉到了棋声与棋局、与棋手似乎有着某种联系。

后来，随着落子声听得越来越多，我发现落子声之间响度的不同，往往能说明的仅仅是一种风格的趋向性。有时或许更好的区分方式恰恰是一个人的落子声是否“正”。这个“正”似乎是一个很难界定的标准，更无法用任何方式描绘怎样的声音是“正”的。与其说它与棋有联系，倒不如说它与人的联系更大。其一便是身正与否，一个近乎躺在椅子上的人注定让人感到落子声拖沓，一个近乎把鼻尖贴在棋盘上的人注定让人感到落子声短促。或许身正亦是心正，落子声过于懒散的人，势必性格偏缓而步调显慢；而落子声过于急躁的人，往往情绪化而易受形势的影响。因而，落子声无关于轻重缓急，却又与轻重缓急息息相关。“不偏之谓中，不易之谓庸。”声可有轻重缓急，棋可有轻重缓急，而身不可有轻重缓急，心不可有轻重缓急。心不变，无论怎么下都为“正形”，无论什么声都是“正声”。

后来，我便很少刻意追求落子声的清脆，维持平常心反而成了一切的基础。我有时依然喜欢在布局时把棋敲得乒乓作响，看着寥寥几步便在一无所有的棋盘上勾画出方寸间的大势；喜欢在中盘纷乱的战斗中算清生死后的下一步，落下时的声响，缓慢，坚定而久久不散；喜欢在收官时滴水不漏地将每一个交叉点划入囊中时轻微到几乎听不见的落子声。

夹起一枚棋子落在盘上，一如平常那样的声音，其中的妙味却是愈浓愈烈……

【作文题目3】阅读下面的材料，按要求作文。

答案，即对有关问题所作的解答。世界无限丰富，引人思索、追寻，我们总想得到自己梦寐以求的答案。其实，我们无时无刻不在寻找答案。这个答案也许有，也许没有；也许对，也许错。但每个人都在作出自己的答案。

关于“答案”，你有怎样的感知、理解与认识？自拟题目，写一篇不少于800字的文章。除诗歌外，文体不限。

【学生习作5】

爷爷的答案

人大附中　隋博方

他是一个在四合院里长大的孩子。在他的记忆里，只有爷爷、奶奶和那四角的天空。年少的他总喜欢在长满爬山虎的墙根下倾听鸟笼里的八哥叫，听老人讲述这个城市的故事。而在胡同长大的爷爷，正如这古老而深沉的京都，让他猜不明，参不透，甚至花费了半生来寻觅那个神秘答案。

他的爷爷是南锣鼓巷出了名的“老顽童”，过着典型的“八旗子弟”式的生活。每天清晨起个大早，就着刚出锅的焦圈品上几口豆汁儿，提溜个鸟笼“走街串巷”。出门前总不忘跟奶奶打哈哈：“美女，你看我这红背心儿搭上这红裤衩儿怎么样?”

“你个老不正经，挺大岁数还穿一身儿红，快换了，别出去给我显摆了!”心直口快的奶奶皱皱眉头，操着一口流利的“京片子”，每天早上不耐烦地回答着几乎相同的问题。

“美女，我昨儿地摊儿上刚买的老花镜好看吗?”

“美女，我这白衬衫搭个什么裤子好呢?”

……

年少的他当然不明白，爷爷的那些便宜货到底能配出什么花样，他抬起头，用那稚嫩的声音问道：“爷爷，你为什么总招奶奶讨厌呢?”

爷爷一愣，随之脸上的皱纹挤作一团，笑道：“小孩子，懂什么？等你长大了就明白了。”

他低下头，默默地想，渴望有一天长大，能够找到其中的答案。

风吹、电闪、叶落、雪飘，岁月无情地夺去了爷爷的健康和那颗孩童般的心。奶奶每天坚持早起，扫扫园中的落叶与尘埃。而患上心脏病的爷爷，虽已没了往日和奶奶打镲的激情，却如同初恋的青年，含情脉脉地盯着奶奶干活时的背影，目光似乎一刻未曾离开。

那年春节，他的父母回家时给爷爷带了一条红色的领带。爷爷如获至宝地拆开，衬着绿色的毛衣，如同小学生系领巾一般，将领带绕在脖子上，蹒跚地小步踮进卧室，对着正在拖地的奶奶喊道："美女，快看看我这条新'围脖儿'。"

奶奶转过头，忍俊不禁："你这老头子，病糊涂了不是？哪有红绿配？再说你这领带怎么打的？"说着，上前帮爷爷解开，"快摘了，这么大岁数，还长不大。"

爷爷像犯了错误的孩子低下头，转身离开，脸上却露出了久违了的笑容，额头上被疾病刻下的三道皱纹深深地凹陷下去，如同他儿时记忆中的那般灿烂。

记忆的闸门突然打开，他想到多年前的那个问题的答案似乎并没有在岁月浪潮的翻滚中浮出水面。他仍是那般地疑惑："爷爷，你到底在笑什么？"

爷爷并未直接回答，只淡淡地笑着："嘿嘿，领导生气了。"他仍然不懂，想让奶奶开心的爷爷为何用滑稽的行为去讨奶奶的责怪，并将其当作幸福的源泉。

他三十岁那年，爷爷在与病魔的斗争中败下阵来。几个月后，抑郁成疾的奶奶也患上了重度老年痴呆。他透过医院病房的门缝看到，神情恍惚的奶奶正含笑摆弄着爷爷生前的衬衫、背心、老花镜，还有那条红领带，就像一个正在玩拼图的孩子……

他的心头怦然一震，泪水充满了眼眶。此时的他意识到，爷爷并非一个“顽童”，而是一位仁厚宽怀的智者。原来对于他儿时的问题，爷爷早已有了答案。爷爷只是换种方式去向奶奶讨爱，让奶奶知道自己被需要，以填补她精神上的空虚。

爷爷的答案，让他寻觅了半生……

【学生习作 6】

余光中的答案

人大附中　董姝辰

余光中的诗《江湖上》末尾，是这样的几句：“一片大陆，算不算你的国？/一个岛，算不算你的家？/一眨眼，算不算少年？/一辈子，算不算永远？/答案啊答案，在茫茫的风里。”

一连串的发问，让书前的人不知所措。哪里才是你的国与家？你是献之以少年，还是献之以永远？

这问题太大，需要用一生来回答。

四川的森森山林，茂绿叠翠中，一个孩子趴在石头上，幼鹰一般俯瞰着一张泛黄的世界地图，身边是嘉陵江挟着雷鸣般的巨大声响不停息地流过，风吹动了他的黑发。他的心却飞着，想象自己驰骋在美洲大陆宽广的胸膛，穿梭于欧洲阴郁嵯峨的古堡——异国风情对他有着超强的吸引力。这个涵泳中国文化，念着《诗经》和宋词长大的少年，心早已飞出脚下这沉静的盆地与古老的大陆，飞向大洋彼岸，投入激动人心的纷繁世界——这，是少年余光中追求的答案。

密歇根金黄的大豆田中，一位客座教授静静地立在夕阳浑圆成熟的光辉里，说不出话。“高粱肥，大豆香，遍地黄金少灾殃……”他蓦地想起抗战时唱过的歌，轻轻地哼着，眼圈就红了。新大陆好是好，却不是家。然而，旧大陆，那片他曾拼命挣脱的大陆，却久久不能归。“异国的现实是不算数的。”异国纵然富丽堂皇，却不是他——这个有着屈原和杜甫血脉的中国诗人——能够安心扎根的地方。他最终懂得了国和家的含义，挥笔写下“当我死时，葬我，在长江与黄河之间，枕我的头颅，白发盖着黑土”——这，是中年余光中给出的答案。

如今，他已八十六岁，住在台湾，时常回大陆讲学。对于他来说，这也许是最好的生活。大半个世纪里，他的足迹遍布曾经的那张世界地图，他的名字在海峡两岸回响，他的诗文广为流传，唤醒了一些人，从世界上许多个角落，轻声和他。

余光中用了一生作答，给出的答案很长很长，饱含着一种复杂的深情。

不是所有人都像他那样深情、坚定而清醒。一些人一生都没有想明白那几个问题，像盲了眼的海鸥，急急地投身任何一个貌似火热的地方。余光中看着，痛心疾首。他愿意看到年轻的一代“热烈地拥抱这一片土地和这个社会，认同乡土”，沉下心来默默灌溉脚下那苦难而温柔的土地，而不是入了别国国籍，在异乡成家立业，将短暂的少年抛给故土，转身把剩余的生命献给异国。

这片土地需要儿女的反哺，需要精神上的归属和认同。余光中的答案，是说给所有有故乡的人听的。

答案是什么？我愿和诗一首，斗胆替他作答：你的故乡，就是你的国/你的国，就是你的家/一眨眼，也许会失去少年/一辈子，却可以长过永远……

【作文题目 4】阅读下面的材料，按要求作文。

《年灯》当中，老爷子挂起年灯，表达着对儿女的思念和对传统的坚守。中国人过年的时候，有很多物件像年灯一样，表达着真挚的情感或深厚的文化内涵。例如，春联、年画、压岁钱、窗花、鞭炮、饺子、年糕……

请选择一物，写成一篇记叙文。自拟题目，不少于800字。

【学生习作7】

饺子的故事

人大附中　魏诗滢

饺子在北方人的饮食中是一种平常而又不可缺少的主食。小时候的我，着实不能理解，为何家中的老人一直遵循着冬至吃饺子这个旧习俗。

记得那是一个冬至日。爷爷奶奶虽已渐渐上了年纪，但仍旧早早起床，忙碌着预备包饺子的原料。面粉加入水揉成面团放在暖气边饧着，“铛铛铛”的切菜剁肉馅的声音从厨房传来，飘进尚且年幼的我的耳中。当时的我并不知晓，这种声响在以后的日子里还会不时地回响在我的心中。

一切准备就绪，两位老人一边包着饺子，一边关心地聊着儿女的近况。小小的我凑到桌边，有样学样，用雪白的饺子皮包裹起肉馅，努力地模仿着奶奶捏出的精致的花边。几次尝试过后，我看着几个躺在托盘里的“瘦小”的饺子，失去了耐心，坐在桌边好奇地问道：“今天是什么日子呀？要这么早起包饺子？”

奶奶像往常一样和蔼地笑了笑：“老北京有句俗话‘冬至饺子夏至面，三伏烙饼摊鸡蛋’。冬至吃了饺子就不会冻掉耳朵啦！这些老说法到你们这辈人早就不知道咯！”奶奶说完仍是宽和地笑着，用沾满面粉的手刮了刮我的鼻子，继续仔细地包饺子。小时候的我不懂得这小小的饺子所包含的说不尽道不明的情绪，只是不以为意地笑着跑去玩了。心里还想着：现在家门口就有那么多美味的快餐和丰盛的菜肴，饺子有什么稀罕的？而且包起来费力又费时。

随着我慢慢长大，渐渐发现工作一向忙碌、时常不在家的父亲，在家里吃饺子的那天总会准时归家，好像就为赶上那盘刚从锅中捞出来的热气腾腾的饺子。

又是一年冬至。父亲从外面风尘仆仆地回来，搓了搓冻僵的手，长叹一声道："还是家里暖和！"而眼睛一直瞅着盘中散发热气的饺子。我带着点儿得意地把自己包的饺子夹进父亲的碗里，期待地说道："快尝尝你女儿包得怎么样。"于是父亲也顾不得烫，夹起一个塞进口中，嚼了两下就咽下，迫不及待地夹起下一个，连连称赞道："不错不错！水平快赶上我了！"围坐在桌边的人们都忍不住笑起来，奶奶脸上的皱纹一条条舒展开了，还是如记忆里那般慈祥温暖，但是好像又多了些什么掺在里面，我看不明白。

父亲夹起一个饱蘸醋汁的饺子，一脸满足地对我说道："你真是赶上了个好时候！你是不知道我们小时候，一年都吃不上几回饺子，也就只有在春节的时候能敞开了肚皮吃！那时候爷爷奶奶总是让着我们小辈……"后面的话我朦朦胧胧听得不真切，只因突然间明白了，为何父亲工作再忙也要赶回家和老人一起吃一顿热腾腾的饭，为什么总对我说，饭店里的山珍海味再珍贵，也比不上家里一盘普普通通的饺子来得可口，吃得舒心。其实，食物的美味与否并不是食材决定的，而是其中包含着的真情。饺子薄薄的皮里包进的是童年的回忆，是奔波异乡时父母的牵挂，是亲人间不变的深情。

想到这些，我不禁眼眶有些湿润，抬起头，只见奶奶温和地笑着，眼角额头添了深深的皱纹。但这个形象却渐渐与我心中那个念着“冬至饺子夏至面……”的和蔼老人相重合，时光仿佛倒流。

这种“回归”也是老人在包饺子、父亲在品尝时所真切体会到的吧。这种情感无关金钱，超越岁月，沉默无声，悄悄藏在那句渐渐被人们淡忘的俗语里，藏在每一个饺子细致的花边里，更藏在奶奶包饺子时那充满欣喜与期盼的眼神里……

小小的一个饺子，承载着千年前张仲景舍药救人的故事，承载着我们儿时的快乐与期盼，亦承载着老人对儿女的思念以及与家人团聚的喜悦。饺子的故事仍会继续，但这些故事是说给那些了解中华文化的人听的，更是说给有家有情的人听的……

本书结稿于己亥春三月

图书在版编目（CIP）数据

佟先生的语文课/佟世祥著．—北京：中国人民大学出版社，2020.1
（人大附中名师语文公开课/王艳主编）
ISBN 978-7-300-27492-8

Ⅰ．①佟…　Ⅱ．①佟…　Ⅲ．①中学语文课—高中—课外读物
Ⅳ．①G634.303

中国版本图书馆 CIP 数据核字（2019）第 211699 号

人大附中名师语文公开课
主　编　王艳
佟先生的语文课
佟世祥　著
Tong Xiansheng de Yuwenke

出版发行	中国人民大学出版社		
社　　址	北京中关村大街 31 号	**邮政编码**	100080
电　　话	010－62511242（总编室）		010－62511770（质管部）
	010－82501766（邮购部）		010－62514148（门市部）
	010－62515195（发行公司）		010－62515275（盗版举报）
网　　址	http://www.crup.com.cn		
经　　销	新华书店		
印　　刷	北京宏伟双华印刷有限公司		
规　　格	148 mm×210 mm　32 开本	**版　　次**	2020 年 1 月第 1 版
印　　张	10.625	**印　　次**	2025 年 7 月第 7 次印刷
字　　数	191 000	**定　　价**	45.00 元